Köppen · 70 Zwiebeln sind ein Beet

Reihe »Interkulturelle Erziehung in der Grundschule«,
herausgegeben von Jürgen Zimmer

Dagmar Köppen
unter Mitarbeit von Christine Geulen-Roth und Birgit Eider

70 Zwiebeln sind ein Beet

Mathematikmaterialien im offenen Anfangsunterricht

4. Auflage

Beltz Verlag · Basel und Weinheim

Eine Veröffentlichung des Instituts für Interkulturelle Erziehung und Bildung im Zentralinstitut für Unterrichtswissenschaften und Curriculumentwicklung der Freien Universität Berlin zu den Ergebnissen des vom Land Berlin und dem Bezirk Kreuzberg getragenen und dem Bundesministerium für Bildung und Wissenschaft in den Jahren von 1981 bis 1985 geförderten Modellversuchs »Sozialisationshilfen für ausländische Kinder in der Grundschule«

CIP-Titelaufnahme der Deutschen Bibliothek

Köppen, Dagmar:
70 Zwiebeln sind ein Beet : Mathematikmaterialien im offenen Anfangsunterricht ; [eine Veröffentlichung des Instituts für Interkulturelle Erziehung und Bildung im Zentralinstitut für Unterrichtswissenschaften und Curriculumentwicklung der Freien Universität Berlin] / Dagmar Köppen. Unter Mitarb. von Christine Geulen-Roth und Birgit Eider. – 4., unveränd. Aufl. – Weinheim ; Basel : Beltz, 1993
  (Reihe »Interkulturelle Erziehung in der Grundschule«) (Beltz-Praxis)
  ISBN 3–407–62107–8
NE: Köppen, Dagmar: Siebzig Zwiebeln sind ein Beet

Druck nach Typoskript

4., unveränd. Aufl. 1993

© 1988 Beltz Verlag · Weinheim und Basel
Lektorat: Peter E. Kalb
Umschlaggestaltung: Atelier Warminski, 6470 Büdingen 8
Redaktion, Layout und Herstellung des Innenteils: Hartwig Berger, Sabine Wilton
Druck und buchbinderische Verarbeitung: Druckhaus Beltz, 6944 Hemsbach
Printed in Germany

ISBN 3 407 62107 8

Inhaltsverzeichnis

Stichwort: Interkulturelle Erziehung

Interkulturelle Erziehung ist die Erziehung zur internationalen Verständigung vor der eigenen Haustür. Die Konfliktlinien verlaufen hier, vor Ort. Sie sind realer Natur und nicht nur auf der psychologischen Ebene von Vorurteilen abbildbar. Sie resultieren aus den Friktionen eines Lebens im fremden Land, aus den Konfrontationen ökonomischer, kultureller, politischer und religiöser Interessen und Bedürfnisse. Nur ein kleiner Teil davon kann mit pädagogischen Mitteln aufgegriffen werden, Pädagogik kann die obwaltenden Umstände nicht konterkarieren, nicht an die Stelle von Gesellschaftspolitik treten.

Interkulturelle Pädagogik hat einen programmatischen – und damit zugleich immer auch idealtypischen und fiktiven – Anspruch. Diejenigen, die das Konzept erarbeiten, wenden sich gegen Maßnahmen der Segregation ausländischer Kinder, gleichgültig, ob sie aus pragmatischen Gründen (besondere Klassen für ausländische Kinder, weil im Einzugsbereich zu wenig deutsche Kinder leben) oder aus grundsätzlichen Erwägungen (Festhalten am Rückkehrprinzip) zustandekommen. Sie gehen davon aus, daß das Leben in einer multikulturellen Gesellschaft durch interkulturelle Situationen gepägt ist. Das mag trivial klingen, bedeutet aber, daß die Entwicklung von entsprechenden Bildungsinhalten ohne Bezug zu dieser Lebenswelt eigentlich nicht mehr erfolgen sollte.

Interkulturelle Erziehung wendet sich gegen Segregation und kulturelle Überformung zugleich und erkennt an, daß die Kulturen in unserem Lande nicht nur – in Brechungen – nebeneinander existieren, sondern zunehmend miteinander in Verbindung gelangen und prinzipiell gleichwertig sind. Sie beabsichtigt damit, die Integration ausländischer Kinder in die deutschen Bildungsprozesse zu unterstützen und ihnen zu gleichen Abschlüssen und Chancen wie deutschen Kindern zu verhelfen. Sie will dabei aber auch die soziale und kulturelle Eigenständigkeit dieser Kinder fördern und einbeziehen. Sie zielt deshalb auf die Veränderung dieser Bildungsprozesse und wendet sich nicht nur an ausländische, sondern gleichermaßen an deutsche Kinder.

Interkulturelle Erziehung muß sich davor hüten, die Anerkennug des kulturellen Pluralismus in eine Reservatspädagogik umzumünzen. Türkische, italienische, jugoslawische oder spanische Kinder sind Arbeiterkinder. Die Unterrepräsentanz von deutschen Arbeiterkindern in Teilen des Sekundarbereichs oder in den Hochschulen ist ein Sachverhalt, der auf die ausländischen Kinder verschärft zutrifft. Ein Schulwesen, das wesentlich an Berechtigungen und Abschlüssen orientiert ist, muß von ihnen erfolgreich durchlaufen werden können. Insofern diente eine interkulturelle Erziehung, die dieses Realitätsprinzip (wie immer man es unter schulreformerischen Gesichtspunkten auch beklagen mag) negierte, geradezu der Verhinderung von Plazierungschancen ausländischer Kinder.

Andererseits ist sie der Stachel im Fleisch eines ethnozentrischen Bildungsbegriffs Sie muß dafür sorgen, daß in der Regelschule – in ihrem Curriculum wie in ihr als Institution – Raum geschaffen wird für die Repräsentanz des Ungewohnten, Fremden, aber auch Bereichernden. Türkisch als Sprachunterricht für türkische Kinder? Mindestens das. Aber noch besser: Türkisch wahlweise als zweite Fremdsprache auch für deutsche Kinder (oder – je nach örtlichen Chancen – eben auch Italienisch, Portugiesisch oder Serbokroatisch).

Kein Zweifel: In einem solchen Ansatz steckt ein Moment von Vergeblichkeit. Dagegen steht das Selbstverständnis der Mehrheitsgesellschaft mit ihren Schulen. Dagegen stehen die sozialen, ökonomischen und politischen Schwierigkeiten, die ausländische Familien in der Bundesrepublik und in Berlin erleben. Auch wenn man in die Geschichte zurückblickt und beispielsweise sieht, wie von den um die Jahrhundertwende ins Ruhrgebiet eingewanderten Polen kaum noch kulturelle Spuren übriggeblieben sind, wenn man das Schicksal ethnischer Minderheiten in anderen Ländern verfolgt, gilt – über längere Zeiträume gesehen – ja eher die Regel, daß eine Mehrheitskultur eine Minderheitenkultur auf dem Wege einer kulturellen Invasion überformt und auslöscht.

Es gibt – historisch und international – allerdings auch Beispiele dafür, daß nach der verunsicherten ersten Generation von Einwanderern die zweite Generation zur (Über-)Anpassung an die Maßstäbe des Aufnahmelandes neigt und erst die dritte Generation sich bewußt auf eigene ethnische Werte besinnt und für ihre Erhaltung eintritt. Soll interkulturelle Erziehung mithin auf die dritte Generation als Bündnispartner warten? Sie tut es nicht, verhält sich vielmehr antizyklisch, auch wenn sie sich ihrer beschränkten Chancen zunehmend bewußt wird.

Berlin, Ende der siebziger, Anfang der achtziger Jahre: Zwei Modellversuche zur interkulturellen Erziehung werden geplant und zeitversetzt auch eingerichtet. Ihr Titel – noch ganz im Antragsdeutsch: "Sozialisationshilfen für ausländische Kinder im Kindergarten" und "Sozialisationshilfen für ausländische Kinder in der Grundschule". Der Band, dem dieses "Stichwort: Interkulturelle Erziehung" zugehört, ist ein Ergebnis aus dem zweiten Modellversuch mit Grundschulen. 36 Kindergärten verschiedener Berliner Bezirke und sechs Kreuzberger Grundschulen – alle mit hohem Ausländeranteil – arbeiteten einige Jahre lang mit ähnlichem Ziel. Als die Ergebnisse aus den Kindergärten schon vorlagen(1), waren die Schulen mitten in den Entwicklungsarbeiten.

Der Schulversuch begann 1980 und endete 1985. Etwa 25 Lehrerinnen und Lehrer waren beteiligt und dafür vom Unterricht zur Hälfte freigestellt; ein Drittel von ihnen stammte aus der Türkei. Die wissenschaftliche Begleitung konnte – angesichts finanzieller Komplikationen – erst im Laufe des Jahres 1983 ihre Arbeit aufnehmen. So kam es, daß bis Ende 1985 alle Kräfte der Entwicklung von Ideen und interkultureller Praxis dienten, und erst danach die Sicherung und Verarbeitung der Ergebnisse erfolgen konnte – mit viel freiwilligem Einsatz der Beteiligten.

Im Mittelpunkt des Modellversuchs mit Grundschulen stand die Entwicklung von Didaktischen Einheiten, von Curriculum-Elementen zur interkulturellen Erziehung. Zum Teil – dies wird in einigen der vorliegenden Bände deutlich – sind sie im Rahmen des Situationsansatzes entwickelt worden (der die Kindergartenreform der siebziger Jahre bestimmte), zum Teil lehnen sie sich stärker an fachdidaktische Traditionen an.

Die ursprüngliche Annahme war, daß interkultureller Erziehung im wesentlichen über die Veränderung der Curricula Raum geschaffen werden könne. Die Entwicklungsarbeiten zeigten jedoch, daß sich die Institutionen selbst sperrig gegenüber interkulturellen Zielsetzungen verhalten und daß deshalb Fragen der Kindergarten- und der inneren Schulreform, der offenen Planung und des offenen Unterrichts, der gemeinwesenorientierten Erziehung und der Entwicklung von Nachbarschaftsschulen stärker ins Blickfeld rücken müssen, als dies anfänglich deutlich war. Hinzu kam als besonderer Schwerpunkt die Erarbeitung eines Konzepts zur koordinierten zweisprachigen Erziehung. Oft ergaben sich dabei Berührungspunkte zwischen den Arbeiten des Modellversuchs und den - nicht nur in Berlin deutlichen - Reformbestrebungen von Lehrern und Schulträgern, die Praxis des offenen Unterrichts zu erproben und die Entwicklung von Nachbarschaftsschulen voranzutreiben. (2)

von Jürgen Zimmer

Die ausführliche Fassung dieses Stichworts enthält der Band 1 dieser Reihe:
Monika Nehr u.a.: *In zwei Sprachen lesen lernen - geht denn das? Weinheim 1988.*

Anmerkungen

1   Sie sind dokumentiert in: **Ünal Akpinar, Jürgen Zimmer** (Hrsg.): Von wo kommst n du? Interkulturelle Erziehung im Kindergarten. Drei Bände und ein Bildband, Kösel Verlag, München 1984.

2   Vgl. zu letzterem: **Jürgen Zimmer/ Elisabeth Niggemeyer,** Macht die Schule auf, laßt das Leben rein. Von der Schule zur Nachbarschaftsschule. Beltz Verlag, München 1986.

Literaturhinweise

Akpinar, Ünal / Bendit, René / López-Blasco, Andres / Zimmer, Jürgen: Ausländerkinder, In: **Peter Kalb** (Hrsg.): Wir sind alle Ausländer, Beltz Verlag, Weinheim 1983, S.22ff.

Akpinar, Ünal/ Zimmer, Jürgen (Hrsg.): **Von wo kommst`n du?** Interkulturelle Erziehung im Kindergarten, 3 Bde. u. 1 Bildband, München (Kösel)1984.

Becker, Antoinette / Niggemeyer, Elisabeth: Ich und Nadire. Die Zeit mit meiner türkischen Freundin. Fotobilderbuch, Otto Maier Verlag, Ravensburg, 1984.

Didaktische Einheit "Ausländische Kinder". In: Arbeitsgruppe Vorschulerziehung und die Erzieherinnen aus Modellkindergärten der Länder Rheinland-Pfalz und Hessen: Curriculum Soziales Lernen, 10 Text- und 10 Bildteile, Kösel Verlag, München 1980/81.

Klement, Christa: Modell Kreuzberg. In: Peter E. Kalb (Hrsg.): Wir sind alle Ausländer. Beltz Verlag, Weinheim 1983, S. 160 ff.

" **miteinander - birlikte** ", Zeitschrift des Modellversuchs "Sozialisationshilfen für ausländische Kinder im Bereich der Grundschule". Heft 3-8, Berlin 1982/84.

Thiel, Thomas: Erziehung, interkulturelle. In: Jürgen Zimmer (Hrsg.): Erziehung in früher Kindheit, Bd. 6 der Enzyklopädie Erziehungswissenschaften (Hrsg. von Dieter Lenzen), Klett-Cotta Verlag, Stuttgart 1984, S. 295 ff.

Zimmer, Jürgen: Situationsansatz und interkulturelle Erziehung. Bericht über zwei Modellversuche in Berliner Kindergärten und Grundschulen. In: Die Deutsche Schule, 74. Jg., 1982, H.5, S. 378ff.

Zimmer, Jürgen: Die vermauerte Kindheit. Bemerkungen über das Verhältnis von Verschulung und Entschulung. Beltz-Verlag, Weinheim 1986.

Zimmer, Jürgen / Niggemeyer, Elisabeth: Macht die Schule auf, laßt das Leben rein. Von der Schule zur Nachbarschaftsschule. Beltz-Verlag, Weinheim 1986.

Vorwort

Siebzig, als das Zehnfache der heiligen Sieben, bedeutet mythologisch "reiche Fülle". Die Wahl des etwas außergewöhnlichen Titels für dieses Buch zum Anfangsunterricht in Mathematik will verdeutlichen: Hier liegt kein fertiges Konzept im Sinne eines Rezeptbuches vor, sondern eine Vielfalt an Anregungen für Projektideen, Vorschläge für Lehr- und Lernmittel, für eine Mediengrundausstattung sowie Spieldarstellungen.

Die Komposition aus Text-, Bild- und Arbeitsvorlagen dient der Konkretisierung unseres Anliegens, für ein farbenfrohes Lernen und Leben in der Schule zu plädieren. Auch will die gewählte Präsentation dem Leser und der Leserin Vorbereitung und Planung, das Vorausdenken eines binnendifferenzierten Vorgehens erleichtern, damit Kraft und Raum für mehr Offenheit gegenüber der Individualität und Lernbesonderheit des einzelnen Kindes wachsen können.

Offener Unterricht, wie wir ihn verstehen, zielt auf **Entwicklung** mathematischen Wissens ab, ist bestimmt von Eigentätigkeit und Aktivität der Lernenden (auf beiden Seiten), stellt Experimente an den jeweiligen Anfang mathematischer Probleme, bedeutet Begriffsbildungsarbeit, an deren Ausgangspunkt das Formulieren von Fragestellungen (Hypothesen) steht, meint nicht stures Auswendiglernen oder bloßes Nachvollziehen.

Zwischen Fertigstellung des Manuskriptes im Frühjahr 1986 und voraussichtlichem Erscheinungstermin im Frühjahr 1988 werden aufgrund redaktioneller Probleme nahezu zwei Jahre liegen. Der Beginn der Dokumentation der hier vorgestellten Überlegungen reicht bis in das Jahr 1982 zurück. In den Jahren 1986/87 sind eine Reihe von Veröffentlichungen und Lehrmitteln zum mathematischen Anfangsunterricht entstanden, die in das fertiggestellte Manuskript nicht mehr eingearbeitet werden konnten(x).

So fällt in diese Zeit auch die Überarbeitung der Schulbuchwerke, deren Übungsanteile zum Beispiel inzwischen weitgehend individuelle Aufgaben enthalten; es werden Kopiervorlagen für Zusatzangebote und Spieleerstellung mitgeliefert.

Auch das von uns 1983/84 präferierte Mathematikbuch "Denken und Rechnen" liegt seit Mai 1987 in überarbeiteter Form vor.

Die inzwischen vorliegenden Unterrichtswerke stimmen nun mehr in den wesentlichen Gedanken bezüglich Aufbau, Ausrichtung und Konzeption überein; sie wollen dem Anspruch eines "kindgemäßen" Mathematikunterrichts gerecht werden.

Am Ausgang und im Mittelpunkt unserer Arbeit im Modellversuch stand das Bedürfnis, Antworten zu finden auf die Not deutscher und ausländischer Kinder, Mathematik zu begreifen.

In der Auseinandersetzung mit den aufkommenden Fragen haben wir u.a. unterschiedlichste Materialien des "Medienmarktes" entdeckt und

5

erprobt; beflügelte sich unsere Phantasie, Eigenes zu entwickeln und zu gestalten. Für uns Erwachsene galt es, uns insbesondere in Zusammenarbeit und Teamgestaltung zu erfahren, den Mut zu haben, etwas anderes zu machen, Neues zu erproben.

In dieser spannenden Entwicklungszeit begriffen wir auch, daß die (uns vorgegebene) Frage, wie interkultureller Mathematikunterricht auszusehen habe, nur beantwortet werden kann, wenn das Kulturspezifische von Mathematik sichtbar gemacht wird. Dieser Forschungsaufgabe haben sich die Universitäten noch immer nicht gestellt.

Am Ende unserer Arbeit steht die entdeckte Kenntnis: In dem Maße, wie wir als LehrerInnen bereit waren, von unseren eigenen (mathematischen) Lern-Erfahrungen in Schule und Hochschule, in denen das formalistische Operieren mit Zeichen, Ziffern, Zahlen die Regel war, Abstand zu nehmen, rückten Fragen und Versuche, Experimente, Begriffsklärung und -entwicklung in den Mittelpunkt unserer Überlegungen und unseres konkreten Tuns, begann sich die Arbeit mit den Kindern zu wandeln, wurde sie offener, vielfältiger und farbenfroher.

In diesem Sinne wollen wir den Leserinnen und Lesern Mut machen.

Das vorliegende Buch entstand unter besonderer Mitarbeit von:

Geulen-Roth, Christine	Entwicklung und Erprobung von Unterrichtsmaterialien und der offenen Konzeption; Unterricht in erster ausländischer Regelklasse 1984/85, Nürtingen-Grundschule in Berlin-Kreuzberg; Manuskriptideen.
Eider, Birgit	Entwicklung und Erprobung von Unterrichtsmaterialien und der offenen Konzeption; Unterricht in erster ausländischer Regelklasse 1984/85, Nürtingen-Grundschule in Berlin-Kreuzberg; Manuskriptideen.

Darüber hinaus haben zum Gelingen beigetragen:

Bowers, Barbara	erlaubte, daß wir in ihrem Unterricht fotografierten und Unterrichtsideen notierten; ausgebildet bei Lilian Weber in New York, tätig an der American-Elementary School in Berlin-Zehlendorf.
Dromowicz, Felicitas	erlaubte, daß wir in ihrem Unterricht fotografierten; Vorklassenleiterin an der Rosegger-Grundschule in Berlin-Kreuzberg.
Gökmen, Sevim	Türkische Koop-Lehrerin, unterstützte die Arbeit im Unterricht 1983/84; Nürtingen-Grundschule, Berlin-Kreuzberg.
Korfmacher, Edelgard	gab Spielanregungen und gewährte moralische Unterstützung; Unterricht in erster Regelklasse 1985/86, Uckermark-Grundschule, Berlin-Schöneberg.
Nitsch, Angela	erprobte Lehr- und Lernmaterialien und Spiele; Unterricht in erster Regelklasse

	1984/85, Uckermark-Grundschule, Berlin-Schöneberg.
Schrader, Ulrich	diskutierte und erweiterte durch Vorschläge die Medienzusammenstellung, las kritisch das Manuskript; wissenschaftlicher Mitarbeiter an der TU Berlin.
Schroeter, Karsten	half bei der Klärung mathematischer Fragen; Zille-Grundschule, Berlin-Kreuzberg.
Weicker, Sabine	Entwicklung und Erprobung von Unterrichtsmaterialien; erste Überlegungen im Hinblick auf eine Öffnung des Mathematikunterrichts, Zusammenstellung der Grundausstattung sowie Beitrag zur Manuskriptgestaltung; Unterricht in erster ausländischer Regelklasse 1983/84, Nürtingen-Grundschule Berlin-Kreuzberg.

Anfänge der hier vorgestellten Überlegungen liegen in der Arbeitsgruppe des Modellversuchs "Sozialisationshilfen für ausländischer Kinder in der Grundschule" an der Nürtingen-Grundschule, in der neben genannten Personen auch **Karin Birnkott-Rixius**, **Leyla Kubat** und **Sigrid Masuch** mitgearbeitet haben.

Vielfältiges Bildmaterial zu verwenden, regte **Peter Heyer** an; **Peter Kaczmarek**, **Dieter Geulen**, **Wolfram Kühn** machten einen Teil der Fotografien.

Graphische Arbeiten wurden von **Gudrun Ebert** angefertigt.

(x) Neueste Veröffentlichungen:

Mathematiklernen in der Grundschule

Padberg, Friedhelm: Didaktik der Arithmetik. Mannheim, Wien, Zürich 1986.

Winter, Heinrich: Mathematik entdecken. Frankfurt a.M.(Scriptor), 1987.

Spiele und spielerische Übungen

Krampe, Jörg / Mittelmann, Rolf: Spielen im Mathematikunterricht. Heinsberg (Dieck) 1987. (Mathematische Lernspiele; methodische Aspekte; die Spiele selbst, für Klasse 1-4; praktische Tips.)

Panknin, Manfred / Schrader, Ulrich: Arbeits-, Diagnose-, Förderblätter. Mathematik 1. Kommentar zum Schülermaterial. Berlin (Otto), 1986 (Lehrerkommentar zum Schülerband "Arbeits- etc. -blätter. Mathematik 1". Im Anhang Sammlung mit Spielen für Klasse 1.)

Mathematik – Unterrichtswerk

Mathematik – Denken und Rechnen. Ausgabe N

1. Schuljahr - Ausgabe N . 112 S. incl. Arbeitsmaterial, kart.	*111521*	
	19,80 DM	
Arbeitsmaterial, gesondert lieferbar	*111511*	
	4,90 DM	
Arbeitsheft, 32 S., geh.	*111551*	
	8,80 DM	
Lehrerband mit Kopiervorlagen, 130 S., kart.	*191521*	
	22,- DM	

Alles bei: Westermann Verlag, Braunschweig, Postfach 5520.

Raumgestaltung – Raumerfahrung

Kalle

Ich erinner mich, daß wir gleich am ersten Tag eine gute Lektion erhalten haben. Wie wir ins Klassenzimmer gekommen sind, gewaschen und mit einem Ranzen, und die Eltern weggeschickt waren, sind wir an der Wand aufgestellt worden, und dann hat der Lehrer kommandiert: "Jeder einen Platz suchen", und wir sind zu den Bänken gegangen. Weil ein Platz zu wenig da war, hat ein Schüler keinen Platz gefunden und ist im Gang zwischen den Bänken gestanden, wie alle gesessen sind. Der Lehrer hat ihn stehend erwischt und ihm eine Maulschelle gelangt. Das war für uns eine sehr gute Lehre, daß man nicht Pech haben darf ...

Ziffel

... Ein wie feines Modell im Kleinen der aufgestellt hat mit seinen einfachen Mitteln, einem gewöhnlichen Klassenzimmer mit zu wenig Bänken, und doch habt ihr die Welt, die euch erwartet hat, klar vor Augen gehabt nach so was. Nur mit ein paar kühnen Strichen hat er sie skizziert, aber doch ist sie plastisch vor euch gestanden, von einem Meister hingestellt! Und ich wett, er hats ganz instinktiv gemacht, aus der reinen Intuition heraus! Ein einfacher Volksschullehrer!

Bertolt Brecht: Flüchtlingsgespräche(1)

Auf den Zusammenhang zwischen Lebenswelterfahrung und schulischer "Raumgestaltung" wurde ich noch während meiner Studienzeit durch die Ausführungen Brechts aufmerksam. Diese Einsicht geriet jedoch während der ersten eigenen "Lehr(er)jahre" in den Hintergrund. Spielte da die eigene Erfahrung des Schul-Raumes mit?

Seit Beginn meiner Tätigkeit in der Schule befiel mich beim Gang durch mittags leergewordene Klassen- und Schulräume meist ein sehr trostloses Gefühl: verschmierte Tafeln, sandige, fleckige Fußböden, überquellende oder halb ausgekippte Papierkörbe, hier und da umgeworfene Stühle, schief hängende Bilder nebst Reststreifen von Tesakrepp, ein verbliebener Geruch säuerlichen Schweißes, mit Kreidestaub vermischt: das erschien mir oft wie eine stumme Botschaft der Benutzer, eine Botschaft mangelnder Leben- und Sinnesfreuden.

Gebäude haben meistens einen ganz bestimmten Geruch, dessen Charakter die Stimmung ... beeinflussen kann...
Wir gelangten zu der Überzeugung, daß beruhigende Gerüche von Körpern ausgehen können, die sich wohl in ihrer Haut fühlen... Worte und äußere Erscheinung können täuschen, aber wir können uns auf das verlassen, was sich richtig "anfühlt" und richtig "riecht".(2)

Die Gestaltung eines Schulhauses, die Flure, Klassenräume und deren Gerüche enthalten unausgesprochene Mitteilungen über das vorherrschende Lernklima.

Der Klassenraum beispielsweise, in dem die Kinder die überwiegende Lernzeit verbringen, symbolisiert, vermittelt, ja initiiert zukünftige Lebens-Raum-Erfahrung: Ein starres System frontaler Sitzordnung läßt kaum eine andere als die zum Lehrer gewendete Lern-Blickrichtung zu, enthält die Botschaft, dem Lehrer alle Aufmerksamkeit zu widmen.

Ein nur mit verschlossenen Schränken, mit Tischen, Stühlen und Tafel versehener Raum lädt nicht zu Experimenten, zu eigenen Forschungen ein, er bietet an Vergnügungsmöglichkeit nur Spiele mit dem Schwamm und Zeigestock an - in unbeaufsichtigten Momenten, versteht sich.Weit besser übt sich hier die Fähigkeit, unbemerkt geistesabwesend zu sein (3).

Wie jedoch könnte der gleiche Raum aussehen? Gegliedert in Kuschel-, Bastel-, Lese-, Schreib- und Experimentierbereiche, ausgestattet mit jederzeit zugänglichen Arbeitsmaterialien enthält er die stumme Ansprache an das Kind, sich in seiner Umwelt, seinem Raum zu entdecken, sich zu erproben und zu erfahren, sich zu entscheiden, seinem Aktivitäts- oder Ruhebedürfnis nachzugehen. Die differenzierte Gestaltung des Raumes enthält darüber hinaus die Erlaubnis der Nähe zu anderen und zu Gemeinsamkeit, ebenso aber zu Alleinsein und Rückzug.

Die Umgestaltung eines "normalen" Klassenzimmers in einen Erlebnisraum sinnlicher Erfahrungen fordert vom Lehrer Kraft und Engagement, meist schon im Vorfeld seiner eigentlichen Tätigkeit.
Mühsal trägt sich besser gemeinsam als allein - und so sollten denn (schulische) Veränderungen im Schutze einer Gruppe vollzogen werden. Wenn hier Lehrer einer Klassenstufe gemeinsam handeln, können sie viele Wege und Umwege einsparen.

Ideen sammeln

Erste Schritte können Hospitationen bei Kollegen sein, die vom frontalen Unterricht abgekommen sind. Anregungen und Ideen können anschließend ausgetauscht werden. Als günstig hat sich erwiesen, Beobachtungen und neue Eindrücke von Hospitationen stichwortartig zu notieren, weil so der Austausch von Erfahrungen und Gedanken besser möglich ist.
Als Erfahrung auch für andere wünschenswert:

Eine Exkursion nach England.(4)

Während der zwei Wochen meines Aufenthalts konzentrierte ich mich hauptsächlich darauf, Arbeitsverfahren und Arbeitsabläufe eines Schülertages zu erfassen. Vor allem wollte ich herausfinden, wie englische Kollegen den Mathematikunterricht gestalten.

Notizen aus dem Reisetagebuch:
Beim Betreten der Primary-school fällt mir sofort auf, daß es in allen Unterrichtsräumen sichtbare "Hinweise" auf den Lernbereich Mathematik gibt. An den Wänden hängen z.B. lebensgroß gemalte Schüler, die "größer-kleiner" Relation wird auf diese Weise veranschaulicht.

Ich sehe zum ersten Mal Kinder in der Schule, die ihre Lernschwerpunkte selbst entwickeln: Einige spielen in der Ecke, andere lesen, zeichnen, wieder andere bauen Zahlentürme, schreiben schon Rechenaufgaben ins Heft.

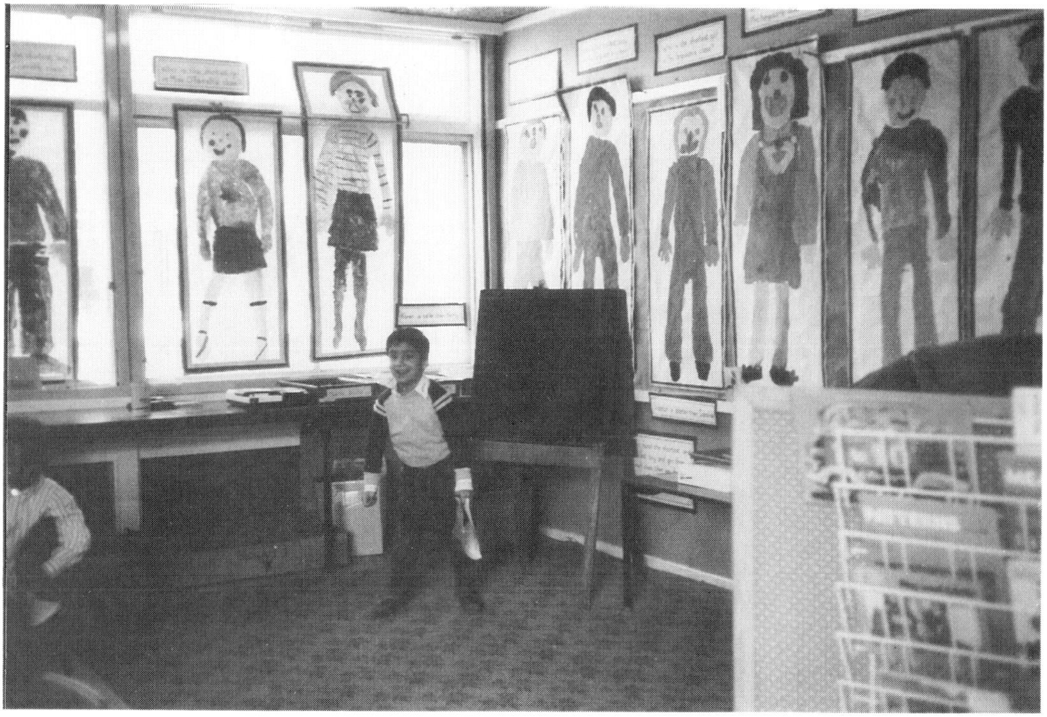

Darüberhinaus finden sich an den Wänden Zahldarstellungen.

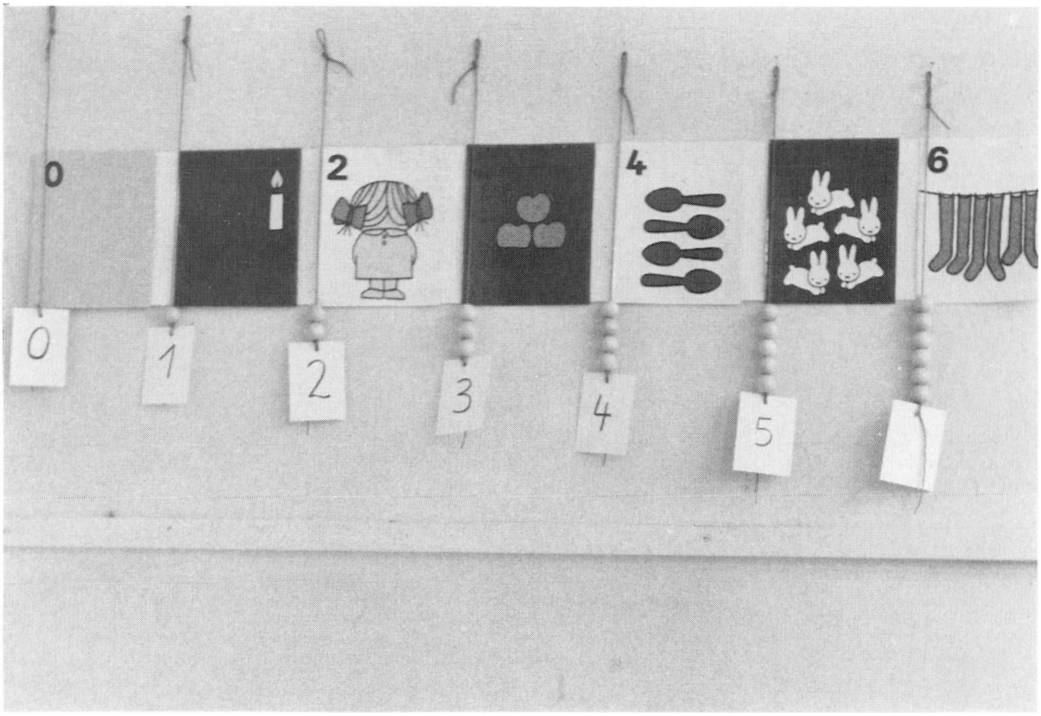

Die Kinder üben sich im Umgang mit Gewichten und Maßeinheiten ...

In deutschen Klassen kaum vorstellbar:
Ich entdecke mit Sand gefüllte Wannen. Hier formen die Schüler nicht nur "Kuchen", sie können auch, indem sie z.B. verschiedenartige Behälter füllen, einiges über Rauminhalte von Körpern erfahren.

Mir ist, als habe ein pädagogisches Schlaraffenland die Tore geöffnet. Das Kind in mir möchte dableiben, will noch einmal von vorn anfangen, will hier zur Schule gehen, den Dienst für die Aquariumspflege übernehmen, will kochen, backen, an der kleinen Staffelei malen. Will sich wie die anderen Kinder anregen lassen, will sich in größerer Selbst-Verständlichkeit ent-wickeln können.

Der Selbsttätigkeit der Kinder wird überall, wo ich hinkomme, breiter Raum gewährt: Wer noch nicht schreiben kann, hält Ergebnisse von Experimenten oder Erlebnissen während der Ausflüge oder Theaterbesuche zeichnerisch fest. Auch mathematische Tätigkeiten werden von Schulanfängern in Blankohefte eingemalt. Wenn z.B. ein Kind einen Sechserturm aus Steckwürfeln gebaut hat, wird es angeregt, ihn in seinem Heft zeichnerisch darzustellen. Oder es illustriert die Ziffer 7 mit sieben selbstgemalten Gegenständen. Auf diese Weise "verschwinden" die Tätigkeiten und Erlebnisse nicht so schnell.

Viele Aufgaben finden die Kinder auf unzähligen selbstgefertigten Arbeitskarteien, die sie sich selbst holen können. In höheren Klassen werden für die einzelnen Schüler Arbeitsmappen für jeweils eine Woche zusammengestellt. Die Mappen enthalten im allgemeinen Übungsaufgaben der verschiedenen Unterrichtsfächer.

Immer wieder sehe ich in den Klassen, die ich besuche, Schulbücher, die aus dickem farbigem Karton selbstgefertigt sind. Meist sind es nur wenige Seiten.

Stolz und selbstverständlich zeigen uns die englischen Kollegen ihre umfangreichen Materialien, bieten Fotokopiermöglichkeiten, stellen uns Schulbücher, Pappen, Scheren und Klebstoff zur Verfügung, damit wir ihre Werke ausschneiden und nach Hause nehmen können.(5)

Tips und Erfahrungen

Absprachen treffen

Wenn sich genügend Ideen und Mut angesammelt haben, sollten geplanten Lernraumveränderungen Absprachen mit der jeweiligen Schulleitung, betroffenen Kollegen, dem Hausmeister und dem Reinigungspersonal vorausgehen. Der Arbeitsmehraufwand für die Reinigung lernfreundlicher Räume sollte nicht unterschätzt werden. Schmöker- und Kuschelecken, die mit Polstern und Teppichen eingerichtet sind, bedeuten zusätzliche Reinigungszeiten, und in Schulen, die nicht mit Teppichboden ausgelegt sind, muß ein Staubsauger angeschafft werden.

Sind diese und ähnliche organisatorischen Hürden erst einmal genommen, können die Ärmel hochgekrempelt werden. Die Lehrer müssen da nicht allein stehen: oft finden sich hilfsbereite Eltern.

Die Grundausstattung bedenken

Für die Grundausstattung des Lernraums sind wir allerdings auf unsere eigene Kraft angewiesen. Ob dazu ein Kasperletheater, ein Kaufmannsladen, Verkleidungsutensilien, eine kleine Werkbank, eine Druckerei oder eine Schreibmaschine gehören soll, können nur die Unterrichtenden entscheiden.

Die Grundausstattung setzt bereits Lern-Schwerpunkte: Das soziale Umfeld der Kinder wird mitbestimmen, welche Schwerpunkte betont werden müssen. Für Kinder, die zu Hause Spielzeug im Überfluß haben, stellt eine Kaufmannsladen-Ecke vielleicht keinen Handlungsanreiz mehr dar, könnte sogar bei manchen Kindern die Vorstellung hervorrufen, daß in der Schule wenig Neues gelernt wird – oder werden darf. Die türkischen Kinder, die wir unterrichteten, hatten allerdings wenig Spielzeug. Und die Lebensrealität dieser Kinder bestimmte die Einrichtung unserer Klassenräume.

Einen Eindruck von dieser Phase der vorbereitenden Arbeiten soll der folgende Auszug aus unserem "Schultagebuch" vermitteln(6):

Donnerstag, Sommerferien 1983

Zwei Monate Projektschule – eine kurze Zeit – in der Erlebnisdichte eine randvoll ausgefüllte Zeit.

Eine Woche eher kamen wir alle aus den Sommerferien zurück, trafen uns Montagmorgen in der lehrerleeren Schule – zum großen "Neuanfang". Nicht wie sonst ein großes "Hallo", eher eine angespannte Atmosphäre; die Hoffnung auf die großen und kleinen Änderungen war mit der ängstlichen Anspannung durchsetzt, das Pensum der Woche oder die Arbeit überhaupt nicht zu schaffen.

Erst einmal stand für die Woche ein riesiges Arbeitsprogramm an: Die Klassen sollten mit Mobiliar versehen werden, mit Tischen, Stühlen, Teppichen, Matratzen, Regalen, Bildern, Spielen, eben mit allem, was nach unserer Vorstellung ein kinderfreundliches Klassenzimmer ausma-

chen könnte. Der Hausmeister hatte nahezu alle notwendigen Stühle und Tische bereits aus Klassen und Kellern in den Vorraum des Erdgeschosses unseres Pavillonbaues gestellt. Für uns hieß es aber noch, sie in den zweiten Stock zu tragen – das bei satten 3o Grad im Schatten.

Freizeitlich gekleidet (wer sah uns je so locker gekleidet in der Schule) begann unsere erste Teamarbeit des neuen Schuljahres: 45 Tische und etwa 9o Stühle zwei Stockwerke hoch – dann einiges wieder hinunter, weil versehentlich zu großes Mobiliar dazwischen geraten war – und dann wieder Neues hinauf. Regale besorgen, Spiele, Bastelmaterialien usw. aus unseren ehemaligen Klassen holen, aussortieren, einordnen – ein richtiger Um- und Einzug.

Am spannendsten wurde es, als es daran ging, die Klassen konkret auszugestalten: Hatten wir uns gut beim gemeinsamen Tragen des Mobiliars zusammenfinden können, wurde es beim Anordnen der Tische, Ecken usw. schon schwieriger.

Freitag, Sommerferien 1983

Eine Vielfalt von Fragen und Problemen tauchte auf:

- Wie muß die Anordnung der Klassenmöbel sein, damit gleichzeitig unterschiedliche Arbeitsvorhaben in Gruppen- oder Einzelarbeit stattfinden können?

- Wie kann Platz für Bewegung und Ausruhen geschaffen werden?

- Wohin können sich Kinder allein oder in Gruppen zurückziehen?

- Wie müssen die Materialien für Lesen, Schreiben, Rechnen, Bildnerisches Gestalten, Musizieren, Experimentieren ... aufbewahrt sein, damit sie von den Kindern selbständig benutzt und wieder verwahrt werden können?

- Wie wird eine übersichtliche Anordnung der Materialien erreicht?

- Wo können Arbeitsergebnisse ausgestellt werden?

- Wo ist Platz für Material und Unterlagen der Lehrerinnen?

- Ist genügend Platz vorhanden für Unterrichtsgespräche und Demonstrationen in der Großgruppe, z.B. im Kreis?

- Wie lassen sich drei oder vier Tischgruppen für je vier bis acht Schüler im Raum so anordnen, daß alle Schüler gegebenenfalls zur Tafel sehen können und trotzdem genügend Platz für einen Sitzkreis bleibt?

- Wie können offene Regale sinnvoll als Raumteiler aufgebaut werden, damit Arbeits- und Spielecken entstehen? Kann sich neben der Leseecke ein Mathematik-, Schreib- oder Bastelbereich einrichten lassen?

- Wo finden sichtbar und übersichtlich in den Regalen alle Mathematik-, Schreib- und Bastelsachen Platz?

- Wo werden Spiele, Stofftiere, Bausteine usw. aufbewahrt?

- Wo ist Platz für kreatives Spielen, für Rollenspiele?

- Wo ist ein heller Platz oder eine helle Ecke, der mit Matratzen oder Sessel und einem Teppich ausgestattet werden kann?

- Wie läßt sich die Leseecke durch Regale begrenzen, damit ein abgeschlossener, ruhiger Bereich entsteht?

Die Fülle der zu klärenden Sachverhalte konfrontierte uns dann plötzlich mit unseren unterschiedlichen Vorstellungen, Wünschen und Bedürfnissen. Der einen waren die abgeteilten Bereiche zu klein, der anderen zu groß; die eine wünschte vor allem große Freiflächen für gemeinsame Aktivitäten, der anderen waren die Flächen zum Ausstellen der Arbeitsergebnisse wichtiger ...

Bei der Gestaltung unserer Klassen richteten wir uns dann im wesentlichen nach den Aktivitäten, die wir unterstützen und fördern wollten und - natürlich - nach dem begrenzten Vorrat an Mobiliar(Regale, Kisten, Tische usw.) und Arbeitsmitteln (Schreibmaschinen, Freinet-Druckerei usw.).

In der Auseinandersetzung und Klärung erfuhren wir vieles voneinander, mußten gemeinsam Lösungen für Probleme finden, die wir bislang selbstherrlich allein entschieden hatten. Die Einrichtung und Strukturierung des gemeinsamen Lernortes wurde zur ersten Lektion und Prüfung unserer Kooperationsfähigkeit.

Sigrids und Sabines Klasse war zuerst eingerichtet. Haben wir einen Raum gestaltet, ist auch der andere fertig - dachten wir. Aber der Teufel steckt manchmal in der Architektur.

Beim genauen Hinsehen in unserem Klassenraum: die Kleiderhaken an einer anderen Stelle, das Ganze spiegelverkehrt, die Tafel nicht da, wo gewünscht, sondern an einer der langen Stellflächen. Also mußte alles neu überlegt werden, das brauchte Zeit, konnte nicht mehr am gleichen Tag geleistet werden. Wir waren das erste Mal frustriert, wollten nicht gerne warten, wollten lieber ein Gefühl von "etwas ist fertig" mit nach Hause nehmen. Am nächsten Morgen war das Problem jedoch in einer Dreiviertelstunde gelöst.

Unsere Zeitplanung stimmte insgesamt.

Offen für Veränderungen bleiben

Ein Klassenraum darf nicht fertig und unveränderbar sein, sondern muß den Wechsel der Jahreszeiten, die Spuren von Schulfesten, von Projekten, von Werkstattarbeit spiegeln. So regt er Kinder zu Veränderungen, Entwicklungen und Gestaltungen an.

In den ersten zwei Wochen waren die Tische in der Klasse in Kreisform gestellt. Ich wollte, daß die Kinder sich vor allem als zu einer Gruppe gehörig begreifen. Erst am Anfang der dritten Woche habe ich Tischgruppen gebildet.

Es gab noch keine Lernecken, lediglich Tische mit Materialien. Nur die Spielecke existierte von Anfang an. Sie war überwiegend mit Gesellschaftsspielen ausgestattet, die die Kinder schon kannten. Die Kinder sollten Ordnung halten lernen, erfahren, daß Spiele an einen anderen Platz gebracht werden können - aber auch wieder zurückgelegt werden müssen. Die Kinder wurden auf diese Weise an den selbständigen Umgang mit Lernmaterialien herangeführt.

In der dritten und vierten Woche wurde das Materialangebot für die Kinder umfangreicher, denn mit jedem Lernschritt ergaben sich auch neue Übungsvarianten. Immer mehr von dem, was gemeinsam erarbeitet wurde, konnten die Kinder selbständig üben und vertiefen. (7)

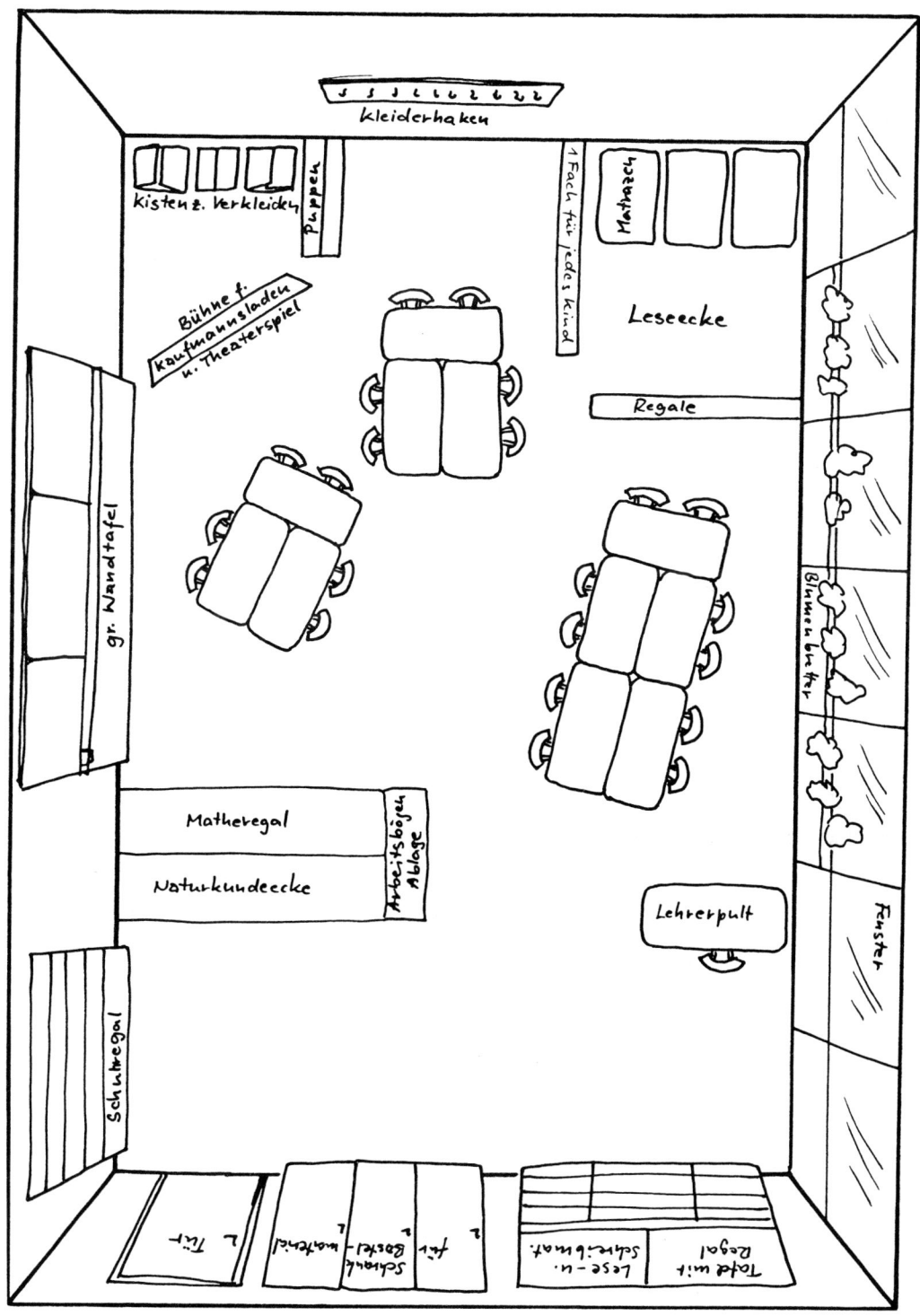

Raumgestaltung für 22 ausländische (türkische) Lernanfänger, 1983, unter Verwendung des vorhandenen Schulmobiliars; günstiger und flexibler läßt sich ein Klassenraum gestalten, wenn für die Einrichtung Schülereinzeltische verfügbar sind!

Ein Raum, vielfältig eingerichtet und mit einem offenen Lernklima be-
seelt, lädt nach unseren Erfahrungen die Kinder zur Ausweitung ihrer
Ich-Erfahrungen ein, fördert ihre Kreativität und Selbständigkeit, mo-
tiviert sie, Sachverhalte in ihrem inneren Zusammenhang und in ihrer
Bedeutung für ihr Leben zu betrachten.

In diesem Jahr haben, wie ich sehe, die Kinder noch eine andere
Form von Kreativität entwickelt. Sie haben auch, was sie außerhalb
erleben, mit in die Klasse gebracht. Z. B. wollten sie gerne Einkau-
fen spielen, und so holten sie eines Morgens vom Mathematiktisch die
kleine Plastikwaage. Gegenstände zum Verkaufen suchten sie in der
Klasse zusammen, Federtaschen, Bleistifte ... In der Spielecke entwick-
kelte sich, scheinbar aus dem Nichts, ein Kaufmannsladen-Spiel, an
dem sieben bis acht Kinder beteiligt waren.

Später eroberten sie mit dem Kaufmannsladen-Spiel den ganzen Klassen-
raum. Weil es in der Spielecke zu eng wurde, bauten sie den "La-
den" an einem größeren, freien Platz auf. Die Spielecke wurde zur
Wohnung für eine Familie mit Kindern umgebaut. Zwei Kinder bauten
eine "Post" in einer anderen Ecke der Klasse auf. Im Grunde genom-
men haben sie das Spiel zu einem Stadtspiel erweitert.

Einige Kinder zahlten in der Post "Geld" ein; da in dem Kaufmannsla-
den nicht viele Kinder tätig werden konnten, fingen die Postkinder
an, Briefumschläge zu verkaufen, schrieben dann auch etwas auf die
Briefe, ließen sich von mir zeigen, wie man das macht.

Irgendwann eröffneten sie auch einen zweiten Kaufmannsladen, setzten
z. B. Steckwürfel und Rechenplättchen als Süßigkeiten ein, die sie
verkauften.

Später fingen sie auch an, Verkaufslisten zu schreiben, und forderten
mich auf, ihnen Worte und Preise richtig vorzuschreiben.

In ihrem Spiel verbanden die Kinder Bereiche, die in der Schule im allgemeinen getrennt abgehandelt werden – wie Sprechen, Schreiben, Lesen und Rechnen.

Wenn wir gut hinhören und zuschauen, können wir ihren Äußerungen und Tätigkeiten Anregungen für die Gestaltung von Unterricht entnehmen:

Ich war gespannt darauf zu erfahren, wie die Kinder den Klassenraum annehmen. Wollte wissen, was sie interessiert, herausfinden, wo ich ihnen etwas bieten kann. Ich erhoffte mir auch, daß sie durch die Art und Weise, wie sie sich mit Sachen auseinandersetzen, mir irgendwie eine Hilfe geben, mir zeigen, wie ich mit ihnen lernen muß. Ich habe mich oft darin überfordert gesehen, für alle Kinder am Schreibtisch vorauszuplanen. Jeder Lehrer weiß, wie schwer es ist, ja unmöglich, 25 Kinder in einer Stunde "bei der Stange zu halten", im voraus zu wissen, welche Stimmung die Kinder in die Schule mitbringen werden.

Am "Einkaufen-Spielen" merken wir auch, daß Kinder allmählich und behutsam lernen. Grundlage des Spiels ist die tägliche Erfahrung des Einkaufens, des Umgangs der Erwachsenen mit Ware und Geld:

Anfangs geben Kinder für einen "gekauften Gegenstand" einen Chip als Gegenwert, erklären einen Chip zu einer Mark oder bezahlen einen Bonbon mit einem "Hundert-Mark-Schein". Die Richtung aber, der die Kinder intuitiv folgen, ist: Sie wollen den richtigen Umgang mit Geld lernen, den Geldwert kennen. Sie fangen dann an zu fragen: Was ist das für eine Münze? Wieviel bedeutet dieser Schein?

Kinder fragen im allgemeinen so lange, bis sie sich einen Sachverhalt zur inneren Zufriedenheit angeeignet haben. Sie wollen mehr wissen, ihren Erfahrungs- und Handlungsspielraum beständig erweitern - vorausgesetzt, sie werden nicht von den Zurechtweisungen Erwachsener gestoppt. "Frag nicht so viel! Später! Das paßt doch jetzt nicht hierher! Kannst du nicht warten!?"

Wandgestaltungen: *Spiegel von Ereignissen*

Gedanken zum mathematischen Lernen

Zu Beginn unserer Arbeit mit ausländischen Kindern stellte sich die Frage: Was hat Mathematik mit Kultur zu tun? Eine Antwort haben wir nicht gefunden. Uns ist lediglich deutlich geworden, daß eine gründliche kulturhistorische Analyse der Entwicklung des mathematischen Wissens noch aussteht. Herausgefunden haben wir allerdings:

Kinder, ob in der Türkei oder in Deutschland, beschäftigen sich im ersten Schuljahr mit den verschiedenen Aspekten der Zahl. Sie lernen überall zuerst zählen und abzählen. In vielen Gegenden der Türkei lernen sie es heute noch mit Bohnen, Steinen oder Muscheln - je nach örtlichen Gegebenheiten. Bei uns lernten die Kinder früher viel mit Knöpfen, heute mit Chips aus Plastik.

Die Ebene der konkreten Erfahrung ist also unterschiedlich, gleich ist im allgemeinen, daß der Ausgangspunkt des Lernens ein an Materialien gebundenes Handeln der Kinder ist.

Lernen aus dem Lebenszusammenhang heraus ...

In welchen Zusammenhängen kommt mathematisches Denken zur Anwendung? Das wollten wir in der Schule sichtbarer werden lassen.

Ein türkischer Kollege erzählte, daß er während seiner Lehrertätigkeit in einem Dorfinstitut der Türkei geometrische Begriffe "vor Ort" erarbeitet habe: die Schüler halfen ihm beim Vermessen von Feldern und dem Bau von Häusern.(8)

Hier ist also mit Zählen und Rechnen etwas "getan" worden. Hier hat ein Problem - die Landvermessung - die Mathematik und nicht die Mathematik ein Problem herangeholt.

Wissen und Fähigkeiten der Kinder, also auch mathematisches Wissen, aus realen Lebenszusammenhängen zu entfalten, ist bei uns ein noch wenig beschrittener Weg. Er bleibt aber illusorisch, solange wir dem Anspruch folgen, halbe Lebenstage anderer Menschen nahezu pausenlos und vollständig vorauszuplanen.

Es wird mal wieder Zeit, denkt sich ein Lehrer, denn es steht in den Vorschriften, einen Ausflug mit den Kindern zu machen. Am einfachsten ist es, ich gehe mit ihnen in den Zoo, er ist leicht zu erreichen und die Fahrt mit der U-Bahn ist relativ problemlos; die Fahrkarten kann ich gleich auf dem Weg nach Hause besorgen..., und die Kinder gehen ja auch gerne in den Zoo ...

Ein solches Entscheidungsverfahren berücksichtigt offenbar die Interessen der Schüler; trotzdem läßt es sie in der Rolle von Konsumenten.

Über einen Zoobesuch können die Schüler ebensogut auf verschiedenen Wegen entscheiden. Sie wünschen ihn z.B., weil sie an einem Projekt "Wassertiere" gearbeitet haben, oder es wurde eine Meinungsumfrage in der Klasse gemacht oder abgestimmt mit Auszählung und Anzahlvergleichen.

Wege und Verkehrsmittel werden mit Hilfe ortskundiger Kinder oder an Stadtplänen bestimmt. Einige sammeln das Geld für die Fahrkarten selber ein, lernen dabei Listen zu schreiben, Beträge zu addieren, zu multiplizieren usw.

In diesem Prozeß sind die Schüler Entscheidungsträger und üben sich dazu in den geforderten Kulturtechniken.

Will also jemand Mathematik im Klassenzimmer nicht labormäßig betreiben, so ist es notwendig, immer wieder eine Wechselwirkung zwischen dem Leben in der Klasse und außerhalb herzustellen.

Exkurs: Mathematik im Alltag oder Alltag in der Mathematik

Viele Erwachsene befällt beim Stichwort "Mathematik" ein unangenehmes Gefühl. Für sie ist das ein ungeliebtes Schulfach, das sie zum Glück hinter sich gelassen haben. Wenn man nun Grundschullehrer/innen, die ja im Prinzip alles unterrichten müssen, fragt, ob sie das Fach Mathematik unterrichten wollen, reagieren sie meist entschieden – negativ oder positiv.

Meine Einstellung war lange Zeit ambivalent. Bereits während meiner Schulzeit fragte ich mich bei allem, was ich zu lernen hatte, nach dem "wozu?", "weshalb?", "wofür?". Und oft verstand ich im Mathematikunterricht vieles nicht, was ich dann in Anwendungszusammenhängen wie in der "Physik" plötzlich nachvollziehen konnte.

In der Vorbereitungszeit auf den Mathematikunterricht in der ersten Klasse fing ich deshalb an, meine eigene Lernerfahrung ernstzunehmen und Anwendungszusammenhänge zu suchen, meine Umwelt unter mathematischen Gesichtspunkten zu entdecken.

Z. B. fielen mir beim Einkauf, in den Regalen, die verschiedensten Verpackungsformen auf. Ich überlegte, warum etwa Konservendosen meist rund, Milchverpackungen meist eckig sind. Das führte zu Fragen nach der Stabilität, dem Verbrauch und den Kosten von Material, nach den Transportwegen, deren Kosten und deren Verhältnis zueinander.

Ich entdeckte, daß vieles, was wir im Alltag zu bewältigen haben, mathematisches Wissen und Denken einschließt oder als Lösungshilfen voraussetzt, ohne mathematisch formuliert zu sein.

Beim Kleidungskauf, wenn ein Rock, eine Bluse, eine Hose zum ersten Mal abschätzend vor dem Spiegel an den Körper gehalten wird, entscheiden wir nicht nur, ob Farbe und Form zu uns passen, sondern schätzen auch ab, ob das Kleidungsstück unserer Größe entspricht. Bereits der erste Griff nach einem Kleidungsstück ist von diesem Gedanken geleitet.

Wenn wir einen Raum einrichten, entscheiden, welche Tapete, wieviel Rollen, welchen Teppich, wieviel Auslegware, welche Möbel wir nehmen und im Raum verteilen, dann setzen wir **immer wieder** mathematisches Denken und Wissen voraus.

Jeder, der selbst einmal mit "mathematischem Blick" den "eigenen" Alltag durchstreift, wird ähnliche Beobachtungen machen und berichten können.

Rechnen und Räume gestalten ...

Kurt Mühlenhaupt und die Mathematik

Der Berliner Maler Kurt Mühlenhaupt vertrat in einem Fernsehinterview einmal die Auffassung, Kinder könnten alle Grundrechenoperationen in ihren Murmelspielen erlernen. Und die meisten Lehrer(innen) erinnern sich sicher an Kinder, die mit ihren Murmeln vorausgeplante Unterrichtsabläufe "störten" bzw. "stören wollten".

Dabei spielen die Kinder meist in den Jahren besonders gern Murmeln, wenn der Stoffplan der Schule "plus" und "minus", also auch "gewinnen" und "verlieren", vorschreibt.

Kinder lernen im Murmelspiel, einen Überblick über ihre Murmeln zu behalten: Sie zählen Verluste und Gewinne aus, lernen einzuschätzen, welche Verluste schmerzlich, welche zu verkraften sind; sie lernen das Risiko des Spieleinsatzes, des möglichen Gewinns und Verlustes zu berechnen, und sie sind ausdauernd beim spielerischen Lernen dabei.

Faszination der Zahlenwelt

Die Grundrechenarten zu beherrschen, ist zweifellos nützlich und in ihnen werden alle Kinder unterrichtet. Obgleich aber die Mathematik so nützlich ist, betreiben die meisten Kinder sie nicht weiter, sobald sie das Minimum an Kenntnissen besitzen, ohne daß man nicht auskommt. Der Grund ist der, daß dadurch, daß man allen Nachdruck auf die Nützlichkeit der rudimentären Rechenkünste legt, die Kinder nichts dar-

23

über erfahren, wie faszinierend die Welt der Zahlen ist, und daß die Mathematik den Schlüssel zu einem tieferen Verständnis der Welt liefert.(9)

Viele Kinder zeigen in einer entsprechenden Umgebung eine wahre Leidenschaft für Mathematik, für große Zahlen, für große arithmetische Operationen. Sie wandten sich sogar ziemlich anspruchsvollen Berechnungen zu, wie dem Studium des Potenzierens und des Ziehens von Quadrat- und Kubikwurzeln, sowie besonderen geometrischen Fragen.(10)

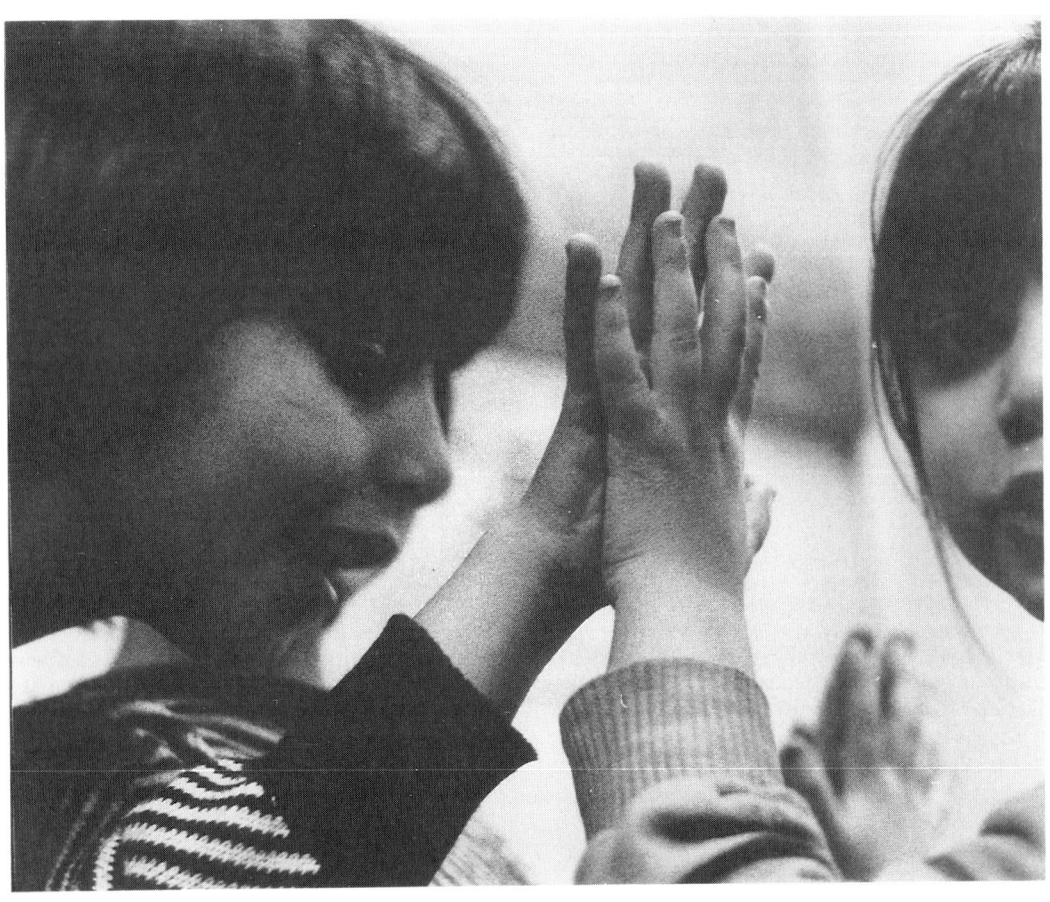

Zwei persönliche Wege zum offenen Unterricht ...

Birgit Eider : Aus- und Einstieg

Alles begann damit, daß ich Pädagogik am Schreibtisch als Wissenschaft über Kinder "erlernte" und glaubte, damit würden Menschen für mich handhabbar. Die Überzeugung meines Könnens, an der sich meine Person aufrichtete, brach jedoch zusammen, als ich meine Lehrzeit an einer Kreuzberger Grundschule mit 80% ausländischen Schülern (zehn Nationalitäten, überwiegend türkische Kinder) begann.

Die Schüler dort, in aller Regel Straßen- und Hortkinder, mußten sich dem Rhythmus der Eltern, Lehrer und Erzieher anpassen. Der Arbeitsrhythmus der Familie ließ wenig Raum für Experimente; die Schule hämmerte in engen Räumen bis zu sechs Stunden am Tag Wissen in Köpfe von Kindern, deren Eltern zu Hause oft nicht einmal Papier und Bleistift besaßen. Im Hort bestand keine Möglichkeit zum Rückzug. Und die Straße: ein kinderfeindlicher Raum, wenn auch meist der einzige wirkliche Spielraum.

Im Umgang mit den Kindern erlebte ich, daß sie sich auch über kürzeste Zeiträume hinweg nicht motorisch ruhig verhalten, anderen zuhören und ein Gespräch führen konnten. Ich beobachtete anarchisch erscheinende Auflehnung, Zerstörungswut und Destruktion im Unterricht. An der Tagesordnung waren Prügeleien ohne ersichtlichen Grund und auch die Verletzung anderer dadurch, daß ihnen Liebgewordenes zerstört wurde. Nichts, weder Sache noch Person, durfte grundsätzlich Respekt erwarten.

Ich konnte mir dies alles nicht schlüssig erklären, und doch ging mir die Äußerung einer Schülerin in meiner früheren ersten Klasse nicht aus dem Kopf: Nach einer angenehm verlaufenen Bastelstunde sollte der Klassenraum aufgeräumt werden. Ich versuchte, einige Kinder zur Mithilfe zu bewegen, als plötzlich ein Mädchen äußerte: "Wozu aufräumen, wir sind ja doch nur Schweine." Das Selbstwertgefühl dieses Kindes muß gleich Null gewesen sein - wo sollte da die Achtung für den anderen herkommen. Inzwischen glaube ich, daß vor allem die Selbstachtung dieser Schüler, ihre Selbstwahrnehmung und ihre Fähigkeit zur Einschätzung eigener Bedürfnisse geweckt werden müssen. Schulwissen darf erst in zweiter Linie kommen und sollte in diesem Sinne Mittel zum Zweck sein.

Immer wieder empfinde ich, daß die Schule den Kinder Würde und Identität nimmt. Welcher Erwachsene würde sich in seiner Arbeitspause mit seinem Frühstück auf einem asphaltierten Hof oder selbst in eine Parkanlage schicken lassen, wo er sich nicht einmal setzen kann. In der Schule ist diese Art, Pause zu machen, eine traditionsreiche Einrichtung.

Es ist so schwer, die Würdelosigkeit vieler Situationen (frage, wenn du zur Toilette mußt; rede nur, wenn du gefragt bist; "wir" wollen eine Geschichte schreiben) darzustellen, weil die meisten Erwachsenen ähnliche Erlebnisse hatten und lernten, sie gutzuheißen. Eine Ablehnung würde ihre Werte und ihr Sicherheitsgefühl untergraben. So heißt es meist: "Das sollen die Kinder nur lernen. Mir ging und geht es doch ebenso!"

25

Lehrer sind davon nicht ausgenommen, und sie sollten ebenfalls verstehen, daß Regeln der Versuch sind, Verhalten einschätzbar und verfügbar zu machen und damit der eigenen Unsicherheit ein Korsett zu verpassen.

Viele Regeln der Schule und auch zentral geplanter und gelenkter Unterricht sind keine immanente Notwendigkeit. Die Erwachsenen müssen nur den Mut aufbringen, sich auf die Kinder einzulassen und sich auch einmal führen zu lassen. Durch eine Reihe privater Erlebnisse lernte ich zunehmend, mich selbst zu achten und zu lieben. Ich lernte, meine Gedanken, Wünsche und Bedürfnisse wahrzunehmen und ihnen als einem Teil meiner Person eine Existenzberechtigung zuzusprechen.

Wie konnte ich da auf Dauer andere, die Schüler, unterdrücken, sah ich doch im Alltag keine Möglichkeit mehr, ihre Motive zu berücksichtigen. Lange bevor ich mich für ein Jahr beurlauben ließ, begann denn mein innerer Rückzug.

Das Jahr der Abwesenheit gestattete mir dann, mich unabhängig von der Institution Schule in neuen Kräftefeldern zu erleben, Selbstvertrauen und Lebensfreude wuchsen in dem Maße, wie Ängste abnahmen, und eine grundlegende Zuversicht war die Folge. Diese neu gewonnene Kraft mußte sich nach meiner Rückkehr in die "alte Realität" unter Beweis stellen.

Ein Jahr erlebte ich, mich nur sehr zögernd wieder einlassend, den täglichen Kampf, verschärft durch meine Situation als Fachlehrerin und durch meinen veränderten Blickwinkel. Ich begriff, Widerstände und Widersprüche mußte ich, wenn sie mir begegneten, annehmen und Formen des Umgangs entwickeln.

Ignoranz war der falsche Weg. Ich wollte aktiv werden und bewarb mich um eine erste Klasse. Ich sah diese Entscheidung nicht als Abschluß einer Auseinandersetzung. Sie fiel in dem Bewußtsein, daß es sich um einen Prozeß handelte, in dessen Verlauf eine erneute Zuwendung zur Schule mir selbst gegenüber eine Notwendigkeit war. Ich spürte den Drang, am Leben dort, wo ich war, teilzunehmen, und ich wollte versuchen, meine neuen Empfindungen in meine Arbeit einfließen zu lassen.

Den Interessen, individuellen Lern- und Arbeitsweisen der Kinder sollte so weit wie möglich Raum gegeben werden. Ich wollte räumliche Bedürfnisse wie Rückzug und Nähe bei der Gestaltung der Klasse berücksichtigen. Durch reichhaltige Materialangebote sollten die Kinder das Entscheiden, aber auch das Abwarten und neidloses Arbeits- und Spielverhalten erlernen können. Die Organisation der Angebote sollte Selbständigkeit bei Auswahl und Durchführung ermöglichen – auch in meinem Interesse, denn ich wollte Zeit für Gespräch und Beratung finden.

Alle Materialien wollte ich optisch entsprechend anbieten und die Kinder zur Gestaltung des Raumes anleiten. Sie sollten sich heimisch fühlen und durch Vorbild auch ihre eigenen Arbeiten sorgsam behandeln, ihnen Aufmerksamkeit schenken und sie wertschätzen lernen. Ich wollte erreichen, daß Fehler als Lernchancen begriffen würden.

Schließlich sollte jedes Kind um seiner selbst willen und nicht wegen bestimmter Eigenschaften oder Leistungsfähigkeit akzeptiert werden. Diese Gedanken führten mich zur Auseinandersetzung mit dem offenen Unterricht, den ich zwar nicht vollständig realisieren konnte, der mir aber viele praktische Anregungen gab und mich bestärkte.

26

Dagmar Köppen: Wenn ich nicht erblinden will, muß sich etwas ändern!

Unverhofft und nicht ganz freiwillig mußte ich Mathematikunterricht in einer sechsten Klasse erteilen. In die Klasse kommend, erlebte ich, daß allein schon das Wort "Mathematik" bei den Schülern heftige Ablehnung hervorrief. Statt zu rechnen, wollten sie malen, Fußball spielen, lesen oder sich mit anderen Dingen beschäftigen.

Nur wenige waren in der Lage, im schulischen Sinne zu arbeiten. Immer häufiger hatte ich das Gefühl, daß mein gut geplanter Frontalunterricht nur für einige Schüler bestimmt war.

Die Konzentrationsfähigkeit, das Leistungsvermögen und die Leistungsbereitschaft waren in der Klasse so unterschiedlich, daß ein oder zwei Angebote nicht ausreichten, alle Schüler zu erreichen und die allgemeine Aggression gegen Mathematik abzubauen.

Wenn ich aber von Zeit zu Zeit den Bedürfnissen der Schüler nach einer nicht-mathematischen, unschulischen Gestaltung – wie etwa Theater spielen – nachkam, entwickelten sich allerdings meist heitere und arbeitsintensive Stunden.

Nur konnte ich so den Mathematikstoff nicht vermitteln. Ein echtes Dilemma. Frust staute sich auf. Mein antrainiertes schlechtes Gewissen quälte mich nicht wenig. Und andererseits widerstrebte es mir seit Beginn meiner Lehrertätigkeit, Kinder zum Lernen zu zwingen, sie mit Elternbriefen und Tadeln zu disziplinieren, mit schlechten Zensuren zu drohen, um Ruhe und damit eine scheinbare Lernbereitschaft herzustellen.

Ich versuchte, eine Balance zu finden zwischen den Anforderungen des Rahmenplans, den fachlichen Fähigkeiten der Kinder und ihren Bedürfnissen nach Eigenaktivität. Bald stellte ich fest, daß einige Schüler nicht einmal den "Stoff" der dritten Klasse beherrschten, daher konnte ich mir erklären, warum sie sich so häufig meinen Versuchen widersetzten, ihnen die Bruchrechnung beizubringen.

Also knüpfte ich an ihren Lernstand und ihr Lernvermögen an, paßte z.B. Klassenarbeiten ihrem Lernniveau und nicht abstrakten Forderungen an. Darauf begannen die Schüler allmählich, sich selbst Lerndefizite einzugestehen, um dann von ihrer je eigenen Lernbasis weiterzugehen.

Ich geriet damit jedoch in ein zweites Dilemma: Beurteilte ich die Schüler nach ihrer eigenen Lernentwicklung, wurde ich ihnen gerecht, stand aber im Widerspruch zum allgemeinen Beurteilungsverfahren.

Besonders die Entwicklung eines Schülers dieser Klasse werde ich nicht vergessen: Diese Junge war mir als besonders problematisch vorgestellt worden. Ich hatte erfahren, daß er sich dem Unterrichtsgeschehen sehr durch Malen und innere Abwesenheit entzog.

Für uns alle überraschend – in dem freier gewordenen Lernklima begann er, seinen eigenen "Schatz" zu heben, arbeitete immer intensiver in der Schule und zu Hause, füllte Lücken und lernte in einem halben Jahr so viel, daß die Kinder anfingen, ihn freundlich "Professor" zu betiteln. Nach Abschluß der sechsten Klasse wechselte er sogar auf das Gymnasium über. Keiner hatte diese Entwicklung für möglich gehalten.

"Null–Bock zu Mathematik" war für die Schüler häufig Schutz vor erneuten, wiederholten Erfahrungen des Versagens. Im Mathematikunterricht zeigen sich Lernrückstände am deutlichsten und lassen sich nicht so leicht verwischen. Ein "falsch" halten viele Kinder nicht aus, erst recht nicht, wenn sie sich Mühe gegeben haben.

Doch muß es erst zu "Null–Bock" kommen?

Binnendifferenziert-offener Unterricht

Einleitung

Es versteht sich, daß Fähigkeiten und Fertigkeiten von Schulanfängern sehr verschieden sind. Wie stark sie unter türkischen Kindern auseinandergehen, stellten wir schon bei Hospitationen in Vorklassen fest. Groß waren die Unterschiede z.B. in

- Deutschkenntnissen (Einwortsätze bis hin zu differenzierten Satzgefügen),
- Manuellen Fertigkeiten (z.B. beim Gebrauch von Scheren),
- Sachbezogener Konzentrationsfähigkeit,
- Bedürfnissen nach Bewegung.

Im üblichen Unterricht handeln wir in der Regel so, als ob alle Kinder die gleichen Voraussetzungen mit in die Schule brächten. Wir erwarten, daß alle 28 Schüler sich zu einem Zeitpunkt, den wir setzen, an einem bestimmten Platz, den wir bestimmen, mit einer Aufgabe und Methode, die wir festlegen, auseinandersetzen; selbst die Zeitdauer geben wir oder die Stundenklingel vor.

Ein solcher Unterricht berücksichtigt in keiner Weise die besondere Gewordenheit des Schülers. Hier steht das Kind nicht im Zentrum des Lernprozesses, ist es nicht "Agent seines eigenen Lernens"(Piaget).

Wollen wir Individualität und Selbständigkeit, Kreativität und Gemeinsinn fördern, die Freude am Entdecken wecken oder wach halten, dem Drang nach Bewegung und Bildung Zeit und Raum gewähren, so müssen wir nicht nur die Lernumgebung der Kinder, sondern auch die Lernorganisation anders gestalten. Wie das dann in der Praxis, vor Ort, aussieht, hängt zuerst einmal von Vorschriften, Erlassen, schulischen Bedingungen und dem Freiraum ab, den Lehrer zur Gestaltung erhalten.

Exkurs: Strukturelle Voraussetzungen
(bezogen auf Berliner Verordnungen 1983/84)

Jede erste Klasse einer Berliner Grundschule erhält grundsätzlich 29 Lehrerstunden:

17 Lehrerstunden gemäß Stundentafel,

1o zusätzliche Lehrerstunden zur Bildung von Teilgruppen,

2 Lehrerstunden für Fördermaßnahmen.

Ausländer-Regelklassen der Klassenstufe 1 erhalten zudem zwölf Stunden gemeinsamen Unterricht mit einem türkischen Kollegen.

Zur Aufteilung der Lehrerstunden bzw. der Arbeit in dieser Klassenstufe existieren zwei Modelle:

Modell 1: Der Klassenlehrer unterrichtet mit voller Stundenzahl(26/27) in seiner Klasse. Der zweite Lehrer unterrichtet mit geringerem Stundenanteil.

Modell 2: Der Klassenlehrer und der zweite Lehrer haben nahezu gleiche Unterrichtsanteile. Der Unterricht in den beiden Teilgruppen kann gleichzeitig erteilt werden, sofern ein zweiter Raum vorhanden ist.

Der regelmäßige Unterricht von zwei Lehrern zur gleichen Zeit in einer Klasse und in einem Klassenraum gilt als ein "besonderes pädagogisches Modell", als eine abweichende Organisationsform, die von der Schulkonferenz beantragt werden muß. Ohne Antragstellung kann der gemeinsame Unterricht von zwei Teilgruppen durch zwei Lehrer in einer Klasse für maximal vier Wochenstunden durchgeführt werden.

Beschreibung eines Unterrichtsvormittags

Es hat sich als sehr günstig herausgestellt, alle Kinder im Klassenverband gemeinsam zu unterrichten, also eine Klasse nicht in zwei Gruppen aufzuteilen. Wir legten die Teilungsstunden zusammen, waren also in der Regel zu zweit in der Klasse. Zusätzlich stand in den Klassen mit türkischen Kindern ("Ausländer-Regelklassen") eine türkische Lehrerin für einige Stunden zur Verfügung. Die Kinder kamen im allgemeinen von 8.00 bis 11.3o in die Schule.

Hier wieder ein Auszug aus dem Schultagebuch:

Februar 1984

Wenn die Kinder in die Schule kommen, haben sie Zeit (3o–45 Minuten) zu spielen, sich zu unterhalten, zu basteln, zu arbeiten, zu frühstükken, jedes Kind nach seinen Bedürfnissen. Viele unserer Kinder brauchen diese selbstbestimmte Anlaufzeit. Sie haben großenteils morgens noch mit keinem Erwachsenen gesprochen, sind alleine aufgestanden, haben noch nicht gefrühstückt, weil die Eltern schon früh aus dem Hause sind.

Gegen 8.3o/8.45 finden sich die Kinder zu einem Morgenkreis zusammen. Es wird gesungen, oder Kinder erzählen von sich, von zu Hause, von wichtigen Erlebnissen.

Der weitere Tagesablauf wird mit den Kindern besprochen, eventuelle Neueinführungen in Deutsch/Mathematik/Sachkunde werden vorgenommen. Anschließend erhalten die Schüler ihre Tagesaufgaben, die sie in den folgenden zwei Stunden erfüllen sollen. Dies können verschiedene Arbeiten sein (bei Projektarbeit), oder für alle verbindliche gleiche oder differenzierte Aufgaben.

Die Aufgaben sind vom Umfang her so bemessen, daß sie von allen, also auch von langsam arbeitenden Schülern bewältigt werden können. Darüberhinaus bleibt den Schülern noch Zeit, sich anderen Aufgaben zuzuwenden. Schüler, die über die Tagesaufgaben hinaus noch arbeiten wollen, erhalten von uns Anregungen und zusätzliches Übungsmaterial.

Um 8.00 sind die Kinder da. Erkan, Hamdi und Ferhat spielen "Mensch ärgere dich nicht". Bekir nimmt die Holzbausteine und baut eine Straße für Autos. Erkan und Ali kommen hinzu und bauen mit. Elif will noch einmal eine Maske basteln. Sie holt sich Papier, Schere und Klebstoff und macht sich an die Arbeit. Menekse sitzt vor dem Kassettenrecorder und hört Musik.

Asli, Özdem und Hülya wollen frühstücken. Sie gehen in die Leseecke, eine Kiste wird zum Tisch, ein Vorhangstoff zur Tischdecke. Sie fragen nach Gläsern und decken liebevoll den Tisch. Ihre Frühstücksbrote werden gerecht aufgeteilt.

Erkan G. will nicht spielen. Er holt sein Schreibheft heraus und schreibt bekannte Wörter und kleine Sätze. Hamdi geht zum Hängeregister, holt sich seinen Ordner heraus und entscheidet sich für eins der Arbeitsblätter.

Um 8.45 räumen die Kinder auf und bilden einen Sitzkreis. Sigrid erinnert an selbstgemalte Bilder zum Thema "Angst". Die Kinder sollen berichten, wann und wo sie Angst haben bzw. hatten. Die Äußerungen sind zahlreich. Die Schüler erzählen selbstverständlich türkisch. Wer kann aufregende Situationen schon in einer fremden Sprache erzählen! Da Sigrid türkisch spricht, ist dieses Gespräch überhaupt nur möglich. Das Thema finden die Kinder so interessant, daß wir erst kurz vor halb zehn den Gesprächskreis auflösen.

Vor der Pause werden nun noch die Tagesaufgaben für Deutsch und Mathematik erklärt. In der dritten und vierten Stunde haben die Schüler Zeit für diese Aufgaben. Einige Kinder machen sich gleich an die Arbeit, andere wollen spielen und bauen, wieder andere wollen noch einmal Bilder zum Thema "Angst" malen.

Dadurch, daß nicht alle Kinder zu gleicher Zeit anfangen zu arbeiten, können wir uns in Ruhe den Kindern widmen, die bei der Bewältigung der Aufgaben noch Hilfestellung benötigen. Im Verlauf dieser zwei Stunden müssen einige Kinder jedoch daran erinnert werden, das Pensum zu erledigen.

(Sabine Weicker)

Lernbereich Mathematik

Neues in der Muttersprache

Im Unterricht mit ausländischen Kindern haben die sprachlichen Fertigkeiten ein besonderes Gewicht: So muß ja auch der Mathematikunterricht Fachwissen in einer Fremdsprache vermitteln.

Ich habe Kinder mit guten Kenntnissen sowohl in der Muttersprache Türkisch und im Deutschen, Kinder mit geringen Kenntnissen auf türkisch und im Deutschen und solche, die zwar Türkisch gut beherrschen, aber wenig auf deutsch sagen können. Im Grunde genommen ist es fast unmöglich, alle Variationen zu benennen oder herauszufinden; selten sprechen zwei Kinder gleich gut. Doch die Kinder, die in Ausländer-Regelklassen kommen, sprechen überwiegend besser Türkisch als Deutsch.

Diese Erfahrung veranlaßte uns anzunehmen, daß ihre Muttersprache die Sprache des inneren Sprechens ist, der sie am besten "folgen" und in der sie Sachverhalte am besten verstehen und verarbeiten können. So führten wir neue Probleme, Begriffe und Unterrichtsverfahren stets auf Türkisch ein. Taten wir es doch auf Deutsch, hatten die Schüler große Mühe, den neuen Unterrichtsstoff zu lernen. Sie mußten ja nicht nur das mathematische Problem bewältigen, sondern den deutschen Lehrer verstehen, deutsche Sätze und Fragen formulieren und vom Deutschen in ihre Muttersprache und zurück übersetzen.

Erst nachdem die mathematischen Sachverhalte im Türkischen erschlossen sind, werden sie im Deutschen sprachlich erarbeitet. Alle weiteren Übungsabläufe können dann in beiden Sprachen geschehen.

In der Praxis hat sich gezeigt, daß die Schüler in diesen binnendifferenziert-offenen Übungsstunden - je nach Sprachstand - mal Hilfe beim deutschen, mal beim türkischen Lehrer oder bei beiden suchen.

Zu Beginn eines Schuljahres haben wir immer Schüler, die sich zuerst überwiegend oder gar ausschließlich an die türkische Kollegin wenden, da ihre Sprachfähigkeit im Deutschen so gering ist, daß nicht einmal eine minimale Verständigung zwischen Schüler/innen und Lehrer/innen gelingt.

Das überwiegend zweisprachige Vorgehen setzt eine Zusammenarbeit der deutschen und ausländischen Kollegen voraus, die intensiv, kontinuierlich und gleichberechtigt sein muß. Deshalb halten wir es für nötig, daß ausländische Kolleginnen und Kollegen, vor allem im Anfangsunterricht, mindestens zur Hälfte den Unterricht mitgestalten und mittragen.

An Einführungen nehmen alle teil

Neue mathematische Begriffe werden im allgemeinen für alle Schüler verbindlich eingeführt. Nach der zentralen Einführung des neuen Themenbereichs (des mathematischen Sachverhalts) haben alle Schüler genügend Zeit für vertiefende Übungen.

Damit Kinder sich einem neuen Lern-Sachverhalt gegenüber aufgeschlossen zeigen können, brauchen sie eine innere Bereitschaft, im Lernen voranschreiten zu wollen. Können wir aber erwarten, daß sich alle Kinder gleichzeitig weiterentwickeln, sich also gegenüber Einführungen neuer Sachverhalte "aufgeschlossen" verhalten können? Wie kann z.B. Addition eingeführt werden, wenn noch nicht alle Kinder den zuvor erarbeiteten Lernstoff sicher beherrschen, etwa in der Zahl- und Zählkompetenz des Zahlenraums bis zehn noch nicht sicher sind?

Wir sind von dem Grundverständnis ausgegangen, daß bei der Addition Dinge zusammengefaßt werden; Zusammenfassen ist Teil der Alltagserfahrung von Kindern, also auch von denen, die noch nicht richtig zählen können.

Addition als Zusammenfassen wird über eine bestimmte Zeit systematisch bewußt gemacht. Parallel üben und arbeiten die Kinder mit selber gewählten Materialien, Spielen usw., die zur freien Arbeit jederzeit zugänglich sind.

Als ich merkte, daß der größte Teil der Kinder das Phänomen verstanden hat, erweiterte ich mein Angebot, habe das "Pluszeichen" eingeführt, die Formschreibung erarbeitet.

Die Kinder, die das Phänomen des "Zusammenfassens" verstanden hatten, setzten sich mit dem Pluszeichen auseinander, und die Kinder, die noch mit den deutschen Zahlnamen Schwierigkeiten hatten, haben an ihrem Punkt weitergearbeitet.

Es herrscht zwar so innerhalb der Klasse eine Diskrepanz zwischen den Lernstufen, auf denen sich die Kinder bewegen, aber alle wissen, worum es geht, haben eine Orientierung. Die Kinder wissen, wo es hingeht, können aber dem Tempo der eigenen Entwicklung folgen.

Üben auf vielerlei Weise

Im Mittelpunkt einer Unterrichtssequenz, einer Stunde oder einer Woche kann ein bestimmtes Thema stehen. Den Schülern werden dazu bestimmte Arbeitsmittel oder Spiele angeboten. Sie entscheiden selbst, mit welchem Material, über welchen Zeitraum, ob sie allein oder mit anderen Kindern zusammen arbeiten wollen. Eine Übungsphase kann dann in Praxis so aussehen:

Nach einer Kopfrechenphase, in der die Kinder Zählübungen auf deutsch durchführen und kurze Textaufgaben auf türkisch lösen, zeigt und erläutert der Lehrer die Arbeitsmittel, die zum Üben der Addition zur Verfügung stehen:

● Mehrere Sätze selbsterstellter Arbeitskarten, auf denen jeweils zwei elementefremde Mengen abgebildet sind und zu denen die Schüler

33

die jeweiligen Additionsgleichungen bilden und ins Heft schreiben können,

- Wendekarten mit Additionsgleichungen, Ergebnis auf der Rückseite, welche sich zur Partnerarbeit eignen,

- Übungen zur Addition im Westermann-Band,

- zwei Würfelspiele zur Addition.

Eine Lehrerin hat Beobachtungen aus dieser Stunde protokolliert:

Hava und Cemile nehmen sich die Wendekarten. Cemile stellt die Aufgaben, Hava soll sie lösen. Ich stelle fest, daß Hava noch nicht in der Lage ist, die Aufgaben ohne Material zu lösen. Sie erhält zehn Steckwürfel zur Unterstützung.

Bekir, der als einziger die Regel des Würfelspiels kennt, sucht sich Ali als Partner, erklärt nun die Regel auf türkisch und sie spielen. Im Verlauf dieser Stunde spielt Bekir das Spiel noch mit anderen Kindern. Elif, die ebenfalls würfeln will, wendet sich an die türkische Lehrerin, die mit ihr das Spiel macht. Özdem und Hülya beobachten die beiden, erfassen so die Regel und spielen zu einem späteren Zeitpunkt in der Stunde selber.

Erkan A. ist mit meinem Angebot nicht zufrieden. Er holt sich aus der Mathematikecke das Büroklammerspiel, mit dem die Zuordnung Zahl–Menge geübt wird. Erkan G. entscheidet sich für die Arbeit im Buch. Bis zum Ende der Stunde arbeitet er konzentriert.

Hava und Cemile haben in der Zwischenzeit die Wendekarten weggelegt und sich ebenfalls die Mathematikbücher genommen. Da sie Schwierigkeiten haben, Additionsaufgaben im Kopf zu lösen, empfiehlt die türkische Kollegin wieder die Benutzung der Steckwürfel.

Nachdem Ali das Würfelspiel mit Bekir beendet hat, greift auch er zu einem Spiel, bei dem die Zuordnung Menge–Zahl geübt wird.

Im Mittelpunkt einer Übungssequenz kann aber auch die gezielte nachholende, vertiefende oder erweiternde Arbeit mit einzelnen Schülern stehen. Zu Beginn einer solchen Sequenz wird den Schülern gesagt, daß sie allein entscheiden können, was sie tun wollen: spielen, malen, schreiben, rechnen, basteln usw., und daß einzelne Schüler zur Einzelarbeit gerufen werden.

Dieses Vorgehen bietet die Möglichkeit, mit einzelnen Schülern intensiv zu üben, was sie etwa durch Fehlen versäumt oder auch so noch nicht verstanden haben. Kindern, die ein sehr schnelles Lerntempo haben, können schon neue Übungsformen, auch Inhalte erläutert werden, so daß sie selbständig im Buch weiter arbeiten.

Innerhalb einer Übungsstunde zur Addition spielen zwei Schüler ein Würfelspiel, bei dem sie stets zwei Würfel benutzen und daher addieren müssen. Andere üben die Abfolge von Zahlen durch Vor- und Rückwärtszählen, ebenfalls in einem Spiel. Zwei Schüler haben sich die Zerlegungskarten geholt, teilen z.B. Chips in 4/2 und 3/3 auf.

In der Spielecke sind ein paar Kinder mit den Waagen beschäftigt. Andere lösen Plusaufgaben mit Hilfe von Steckwürfeln. Zwei, drei Schüler

*sind bereits so weit, daß sie sich Plusaufgaben in verschiedenen Ab-
bildungsformen aus einer Rechenkartei auswählen können.*

*Einige Kinder arbeiten in ihrem Mathematikbuch. Und es gibt auch
Schüler, die mit Mathematik in dieser Stunde gar nichts im Sinn haben
und viel lieber etwas schreiben oder vorlesen möchten oder sich für
eine Weile mit einem Buch in eine Ecke zurückziehen.*

*Sie holen sich die Magnetbuchstaben, die eigentlich nur für die Tafel-
demonstration gedacht waren, spielen Schule und lesen dabei selbständig. Sie bauen sich eine Familiensituation in der Spielecke auf und
fangen dann dort an zu arbeiten. Sie sprechen mit den Handpuppen, während sie arbeiten und lassen die Handpuppen die Arbeiten ausführen.*

*Sie schreiben Wörter an die Tafel, zählen die Buchstaben und bezeich-
nen die Menge der Buchstaben mit einer Zahl. Sie beginnen gemeinsam
zu singen und zeichnen mit Merkmalplättchen als Schablonen Bilder.*

(Birgit Eider)

Eine andere Lehrerin berichtet:

*Kai, einer meiner Problemschüler, war zu Beginn des Schuljahres nicht
zum Rechnen zu bewegen. Er begab sich an keinerlei schriftliche Übungen, auch wenn ich oder einer seiner Mitschüler sich neben ihn setzte, um gemeinsam mit ihm zu rechnen.*

*Die entscheidende Wende trat ein, als ich gemeinsam mit der Klasse be-
gann, eigene Rechenspiele zu erstellen. Weihte ich mit der ganzen
Klasse oder einer kleinen Gruppe eines dieser Spiele ein, dachten wir
uns eigene Regeln aus, kam er, der sich vorher in vielen Rechenpha-
sen in die Kuschelecke zurückgezogen, sich also dem Rechnen entzogen
hatte, neugierig näher, beobachtete den Spielablauf, erkundigte sich
aus freien Stücken, ob er mitspielen könne und setzte sich danach oft
mit einer Konzentration und Ausdauer mit dem Spiel auseinander, die
sonst selten bei ihm zu beobachten waren.*

*Dabei entwickelte er häufig erstaunliche Strategien, stellte z.B. bei
Aufgaben, die ihm zu schwierig schienen, andere Schüler ein, sie für
ihn auszurechnen.*

*In freien Arbeitsphasen griff er immer wieder zu einem der Spiele,
überredete andere Schüler zum gemeinsamen Spiel. Bis heute ist er noch
selten in der Lage, längere Zeit an einer Rechenkarteikarte oder dergleichen zu arbeiten, mittlerweile hat sich aber, wohl durch die Mo-
tivation des Spielangebotes, bei ihm durchaus ein Zahlenverständnis
und die Fähigkeit, mit Hilfsmitteln einfache Subtraktions- und Additionsaufgaben auszurechnen, entwickelt.*

*Ohne das Spielmaterial wäre Kai sicher noch nicht dort, wo er jetzt
schon steht.*

(Angela Nitsch)

35

Organisation hat sich bewährt

Offene Regale

In einem offenen Regal innerhalb des Mathematikbereiches sind Bücher, Arbeits- und Rechenhefte, Arbeits- und Veranschaulichungsmittel (z.B. Steckwürfel) , Spiele und Zubehör sowie die Rechenkartei so aufbewahrt, daß die Schüler jederzeit Zugang haben.

Leman überlegt, was sie machen will.

Die Arbeitsvorlagen sind in Klarsichtfolien, sie können bei Verwendung wasserdichter Folienschreiber immer wieder verwendet werden.

Ablagefächer

An einem festen Ort im Klassenzimmer gibt es zwei Ablagefächer für Tagesaufgaben. In einem befinden sich die unerledigten Aufgaben, die sich die Kinder in den Übungssstunden holen. Mit Namen versehen werden die bearbeiteten Blätter dann in die andere Ablage gelegt.

Hängeregistratur

Zusätzlich zu den Tagesaufgaben steht den Schülern differenziertes Übungsmaterial zur Verfügung. In einer Hängeregistratur hat jeder Schüler einen mit seinem Namen versehenen Ordner, in den wir dieses Übungsmaterial täglich oder wöchentlich hineinlegen. Mit diesen Übungen beschäftigen sich die Kinder teils in den Spielstunden, teils in den Übungsstunden. Es sind freiwillige Arbeiten, die nicht innerhalb einer bestimmten Zeit ausgeführt werden müssen. Auch diese Arbeiten legen die Schüler in das oben erwähnte Ablagefach, wenn sie damit fertig sind.

Schulbücher und Arbeitshefte

In den Jahren 1983-1985 haben die Lehrerinnen, die mit uns zusammen-arbeiteten und die sich überhaupt für die Anschaffung eines Unter-richtswerks entschieden, im allgemeinen das Mathematikbuch "Denken und Rechnen 1" und das dazugehörige Arbeitsheft des Westermann-Verla-

ges bestellt. Im Vergleich zu anderen Mathematikbüchern zeichnet sich "Denken und Rechnen 1" durch ein großes Übungsangebot aus, das nach einer Einführung von Schülern selbständig bearbeitet werden kann. Darüberhinaus sind die einzelnen Seiten überwiegend gut strukturiert und bieten nicht zu viele verschiedene Übungsformen auf einer Seite an.

Nach der Einführung eines neuen Inhalts werden die Bücher und Ar-beitshefte durchgesehen. Dabei wird geklärt, welche Seiten bzw. welche Übungen die Schüler allein oder doch teilweise allein (als vertiefende Übung) lösen können. Diese Seiten bzw. Übungen werden mit einem far-bigen Punkt versehen. Den Schülern wird mitgeteilt, daß sie die punk-tierten Seiten jederzeit bearbeiten können.

Die Schüler streichen selbst die Punktmarkierung aus, wenn sie eine Seite vollständig bearbeitet haben. Wie wir festgestellt haben, lernen sie auf diese Weise sehr gut, eine Arbeit zu Ende zu bringen und auch, die "Abgeschlossenheit" einer Aufgabenstellung zu beurteilen.

Natürlich gibt es Schüler, die sehr viel schneller lernen als andere. Diese Kinder dürfen, wenn sie schon kompliziertere Aufgaben lösen kön-nen, selbständig weiterarbeiten. Wir wollen so Kinder nicht "vorarbei-ten" lassen, sondern ermöglichen ihnen, dem eigenen Lerntempo zu fol-gen.

Arbeitshefte und Arbeitsbücher werden an jedem Wochenende korrigiert und kontrolliert. Schüler können daraufhin gezielt angesprochen werden, was bzw. wie sie sinnvoll(er) weiterarbeiten können.

Ebenso verfahren wir mit den Tagesaufgaben und mit den zusätzlichen Übungsangeboten. Auch diese Arbeiten werden täglich, spätestens am Ende der Woche, nachgesehen und korrigiert.

Arbeitsmittel und Spiele

Arbeitsmittel, Rechenspiele usw. werden im Verlaufe des Schuljahres nach und nach eingeführt, Regeln mal kleinen, mal großen Gruppen oder auch einzelnen Kindern erläutert. Unsere Erfahrung ist, daß sich Regelkenntnisse im Schneeballsystem gut ausbreiten.

Lernabläufe

Ein theoretischer Exkurs:
Galperin und Piaget als Orientierung

Leitideen unserer Arbeit sind Handlungsorientierung, Offenheit und Binnendifferenzierung unter Einbeziehung der Muttersprache der Kinder. Unterrichtsformen und Lernabläufe, Arbeitsmaterialien und Spiele haben wir dabei an den lerntheoretischen Erkenntnissen Galperins wie auch am entwicklungspsychologischen Ansatz Piagets orientiert.(11)

Die entwicklungspsychologischen Arbeiten **Piagets** beschäftigen sich mit den Denk- und Lernprozessen des Kindes. Nach Piaget befindet sich das Grundschulkind im Stadium der "Entwicklung der konkreten Denkoperationen". In diesem Stadium entwickelt sich das logische Denken.

Der wesentliche Charakter des Denkens besteht darin, daß es operativ ist, d.h. aus dem Tun hervorgeht, indem es dieses verinnerlicht.(12)

Für das methodische Vorgehen, im Unterricht Begriffe und Probleme zu erarbeiten, bedeutet dies, daß den Schülern die Möglichkeit gegeben werden muß, im Umgang mit konkretem Material zu lernen.

Nach **Galperin** erfolgt die Ausbildung geistiger Handlungen bzw. das Aneignen von Begriffen und Zusammenhängen in vier Etappen. Am Beispiel der Addition natürlicher Zahlen soll im folgenden das Etappenmodell Galperins erläutert werden:

Ausgangspunkte der Lernprozesse ist die Zielorientierung, d.h. ein Lernender erkennt das Problem der Aufgabenstellung (Orientierungsgrundlage).

Die **erste Etappe** umfaßt die materielle bzw. materialisierte Handlung. Die Schüler legen zwei elementefremde Mengen und schieben sie zu einer neuen Menge zusammen (materielle Handlung). Anschließend wird dieser Vorgang in zeichnerischer Form dargestellt. Zwei gezeichnete Mengen werden durch das Einkreisen zu einer neuen Menge.

Der Lernende operiert in dieser Phase also mit konkreten Gegenständen oder deren materialisierter Form (Darstellungen in Form von Fotos, Abbildungen, Modellen). Er lernt im direkten Umgang die wesentlichen Merkmale des Gegenstandes oder des Problems kennen und von unwesentlichen zu unterscheiden.

Die **zweite Etappe** umfaßt die Handlung auf der Ebene der äußeren Sprache. Gekoppelt an die materialisierte bzw. zeichnerische Darstellung kommt die Versprachlichung hinzu. Im Falle der Mathematik geschieht das auch in Form der mathematischen Symbolsprache.

In der **dritten Etappe** erfolgt die Handlung auf der Ebene der äußeren Sprache "für sich". Im Mittelpunkt steht das Lösen von Additionsgleichungen. Der Lernende benötigt kein konkretes Material mehr, greift in seiner Vorstellung die konkrete Operation noch auf, indem er vor seinem "geistigen Auge" das Vereinigen zweier Mengen vollzieht.

Das Kind lernt also immer mehr auch unabhängig vom unmittelbar gegebenen Gegenstand zu denken. Es verfügt schließlich über eine ge-
sprochene Sprache ohne gegenständliche Stütze. (13)

Die **vierte Etappe** umfaßt die Handlung auf der Ebene der inneren Sprache. Die geistige Handlung ist vollzogen, der Begriff in seiner Komple-
xität erfaßt, das Lesen von Additionsaufgaben erfolgt ohne Erinnerung
(ohne Rückgriff) auf den mengenoperativen Zusammenhang (Automatisie-
rung).(14)

Unsere Unterrichtsimpulse (Einführungen, Veranschaulichungen, Materialien, Spiele usw.) sind also auch von dem wissenschaftlichen Ansatz
abgeleitet, nach welchem das Begriffssystem in einem stufenweisen,
komplexen Prozeß sich entfaltet.(15) Im Lernbereich der Addition kann
das z.B. heißen:

- auf der Orientierungsebene:
  Anknüpfen von Alltagserfahrungen(z.B. Gewinnen beim Murmelspiel),

- auf der materiellen Ebene(Handlungsebene):
  Zusammenfassen zweier Mengen durch das Umlegen mit einer Schnur,
  Zusammenstecken von zwei Mengen aus Steckwürfeln,
  Zusammenschieben von Perlen der Rechenkette,

- auf der materialisierten Ebene(rechnerisch-ikonische Ebene):
  Umkreisen zweier abgebildeter Mengen,
  Verwendung von Abbildungen, z.B. in der Rechenkartei,

- auf der sprachlichen Ebene(abstrakt-symbolische Ebene):
  Lösung von Gleichungen.

Beobachtungen

*Die sechsjährige Zehra hat ein Puzzle mit Zahlen hervorgesucht. Sie
kennt alle Worte für die Zahlen von 1 bis 10, aber kann sie nicht
den Zahlenbildern zuordnen. Sie zeigt z.B. auf die 6 und fragt:"Zwei?"
Sie fragt immer wieder, sie bekommt auch immer wieder eine Antwort,
aber sie kann es sich nicht merken, verwechselt immer wieder alles.
Schließlich nimmt die Erzieherin sie auf den Schoß und erarbeitet die
Zahlen von 1 bis 4 an Zehra selbst:*

*Das ist e i n e Nase, e i n Mund, das sind z w e i Hände, das
sind d r e i Knöpfe, d r e i Farben usw.*

*Zehra ist ganz dabei, macht alles nach und kann sich danach auch
den jeweiligen Zusammenhang zwischen Zahlwort und Zahlbild merken.
Indem sie den Inhalt dessen, wofür ein Zahlwort steht, durch konkrete
Erfahrungen begriffen hat, kann sie nun auch auf einer abstrakteren
– nämlich der bildlichen – Ebene damit umgehen.(16)*

Entwicklungen von Kindern vollziehen sich unterschiedlich: Einige Kinder benötigen zur Unterstützung ihres Lernprozesses umfängliches konkretes Material, so wie im oben beschriebenen Beispiel die persönliche
sinnliche Erfahrung. Andere gelangen schneller zum abstrakten Begriffssystem:

*Wir lassen von Vorschulkindern Autos in einen Tunnel fahren – von der
einen Seite drei, von der anderen Seite vier. Dann fragen wir die Kinder: Wieviel Autos sind im Tunnel? Die Kinder reagieren wie folgt:*

1. Kinder, die sich auf der handelnden Ebene befinden, nehmen die Autos aus dem Tunnel heraus und zählen sie ab – ihr Erkenntnisorgan ist die äußere Handlung.

2. Kinder, die sich auf der sprachlichen Ebene befinden, sprechen laut vor sich hin: Drei Autos und vier Autos sind sieben Autos.

3. Kinder, die sich auf der gedanklichen Ebene befinden, sagen: Sieben! (17)

Im Unterrichtsgeschehen sind die Kinder, wie wir feststellen konnten, in der Auswahl der Arbeitsmaterialien, Spiele usw. ihrem eigenen Entwicklungsrythmus gefolgt. Was einigen interessant und schwierig erscheint, ist für andere Kinder der Lerngruppe keine Herausforderung mehr. Wir konnten jedoch auch feststellen, daß von Zeit zu Zeit bestimmte Spiele einen motivierenden Wiederholungsreiz ausüben. Ein breites und differenziertes Angebot bietet auch dem Unterrichtenden die Möglichkeit, an die Kinder Anforderungen zum Üben, Vertiefen oder der Eroberung von Neuem zielgerichtet heranzutragen.

Aufgefallen ist uns auch, daß Kinder (im allgemeinen) freigewählte Aufgaben auch richtig und vollständig lösen möchten. Das vollständige und richtige Vollziehen einer Handlung gibt anscheinend dem Schüler innere Befriedigung. Nur sehr emotional instabile, unsichere Kinder bedurften bei diesen Spielen der Unterstützung von Erwachsenen. Doch auch sie erwarben bald Strategien, um mit den Aufgaben selber klarzukommen.

Mathematikmaterialien für einen offenen Anfangsunterricht

Gelten mathematische Regeln kulturspezifisch oder universell? Diese Frage ist sicher akademisch interessant, angesichts der Not deutscher und besonders ausländischer Kinder, überhaupt einen Zugang zu mathematischen Aussagen und Begriffen zu finden, ist ihre Klärung aber zweitrangig.

Erstrangig ist, wie wir Mathematik so unterrichten können, daß die besonderen Lebens- und Lerngeschichten deutscher und ausländischer Kinder und ihre Alltagstheorien über die Welt berücksichtigt werden.

Nach unserer Ansicht muß dieser Unterricht offen für die Unterschiede der Kinder (an Bedürfnissen, an Erfahrungen) sein. Er muß von der Lebensrealität der Kinder ausgehen, ihrer je konkreten Befindlichkeit und ihren je konkreten Erfahrungen.

Üblicherweise wird auch der Anfangsunterricht in Mathematik mit Lehrbüchern oder in Programmen, die für alle gleich gestaltet sind, abgewickelt. Diese Lehrbücher setzen ein frontales Unterrichtsvorgehen voraus und legen nahe, erst dann ein neues Thema zu beginnen, wenn alle Kinder mehr oder minder gut die letzte Seite des vorangegangenen Kapitels verstanden haben.

In der jetzigen Phase der Entwicklung interkulturellen Unterrichts (Mathematikunterrichts) ist es notwendig, Materialien für einen offenen, binnendifferenzierten Unterricht zu entwickeln.

Die Sammlung von Materialien und Spielvorschlägen, die an dieses Kapitel anschließt, zeigt einen Weg auf, den wir - jede für sich wieder anders - beschritten haben. Ein offener - binnendifferenzierter Unterrichtsweg muß von jeder Kollegin selbst neu- bzw. nach-empfunden werden, gestaltet sich doch die Atmosphäre einer Klasse jeweils verschieden.Wir wollen hier Mut machen, diesen Weg zu beschreiten und die von uns entwickelten Materialien kreativ zu benutzen. Bei einigen Spielen und Unterrichtsanregungen entwickelten wir Vorlagen, die - auf farbigem Karton kopiert - ein schnelles Herstellen von Unterrichtsmaterial erleichtern sollen. Anderes läßt sich auch durchaus mit Eltern zusammen an einem Abend herstellen.

Die Anwendung der Materialien folgt dem Prinzip: Vom Einfachen zum Komplexen, vom Konkreten zum Abstrakten. Was wir hier nacheinander abbilden und beschreiben, soll im Unterrichtsalltag auch durchaus nebeneinander stehen.

Mathematisches Denken im Alltag von Kindern

Über Orte des täglichen Lebens - Über Wege an entfernte Orte - Über das Telefon -
Über die Zeit - Im Umgang mit Geld.
***Exkurs:** Nicht-alltägliches Lernen - Zahlen als Bedeutungsträger - Zahlengeschichten*
- Mathematische Berührungen - Mit Tönen zählen.

Du mußt wie alle Menschen dein Leben in die Hand nehmen. Über dei-
ne Erfahrungen mit deinen Händen kommt das Leben in deinen Kopf.
Das gilt auch, wenn du rechnen lernst.
Wenn ein Kind klettert, springt, rennt, balanciert, fällt oder Fußball
spielt, lernt es zu vergleichen - hoch, höher, weit, weiter, schnell,
schneller, tief, tiefer. Es mißt die eigenen Erfahrungen ab. Es lernt,
sein Verhalten zu berechnen.(18)

Die alltäglichen Umwelterfahrungen von Kindern bieten stets neue An-
lässe, um mathematisches Denken zu gebrauchen. Das Ordnen ist nur
ein Beispiel dafür.

Das Bedürfnis, Gegenstände zu ordnen, zu sortieren, aufzuräumen, zu
zählen (z.B. die gewonnenen Murmeln), stellen wir bei den Schülern
immer wieder fest. Ordnen entsteht auch in der Schule immer wieder
als gemeinsame Aufgabe, die vielfältigen Materialien im Klassenraum
für alle übersichtlich und verfügbar zu halten. Bauklötze werden in
die Kästen einsortiert, Bücher in die Leseecke zurückgestellt, Malsa-
chen in den Klassenschrank geräumt. Puzzleteile in dafür vorgesehene
Kästchen zurückgelegt.

Im freien Spiel werden logische Blöcke zu Zäunen, Häusern, Möbeln...

Wie sehr mathematisches Denken gebraucht wird, macht der ordnende Umgang mit Bausteinen klar:

Bauen schafft Beziehungen geometrischer, physikalischer, ästhetischer, sozialer Art. Aus den Spielideen der Kinder entwickelt sich mit der Gestalt der Steine ein Bauprojekt. Eine gemeinsame Verwendung (Ordnung) der Bausteine muß gefunden werden. Die Steine müssen so nach Größe und Form zusammengefaßt werden, daß der Bau hält.

... über Orte des täglichen Lebens

Vielfältige persönliche Erfahrungen stellen für jedes Kind zu einzelnen Orten seines Lebensfeldes (der Straße, des Bezirks...) einen besonderen Bezug her. Erlebnisse trainieren die Fähigkeit, auch etwas über die Lage und Einordnung des Ortes zu sagen. So wird es dann möglich, in der Klasse über die räumliche Gliederung (Ordnung) des gemeinsamen Lebensfeldes aller Kinder zu reden.

In den ersten Wochen eines neuen Schuljahres ist es wichtig, daß die Kinder die schulischen Einrichtungen sicher beherrschen, sich zurechtfinden können in dem erweiterten Lebensfeld. Allmählich erwacht dann das Interesse, die anderen kennenzulernen, zu erfahren, wo sie wohnen, wo sie spielen, wo ein Treffen arrangiert werden kann.

Im Zusammensein mit den türkischen Kindern ist uns aufgefallen, daß sie das soziale Wohnumfeld der Schule im allgemeinen sehr gut kennen. Sie zeigen z.B. beim Spazierengehen, wo der Onkel, die Tante wohnen, können das aber sprachlich nicht benennen.

Jedes Kind wird Orte aus seiner Erfahrung hervorheben. Die Orte können zueinander in Beziehung gesetzt und in gemeinsamen (Lage-)Plänen verbunden werden. So sieht das etwa aus:

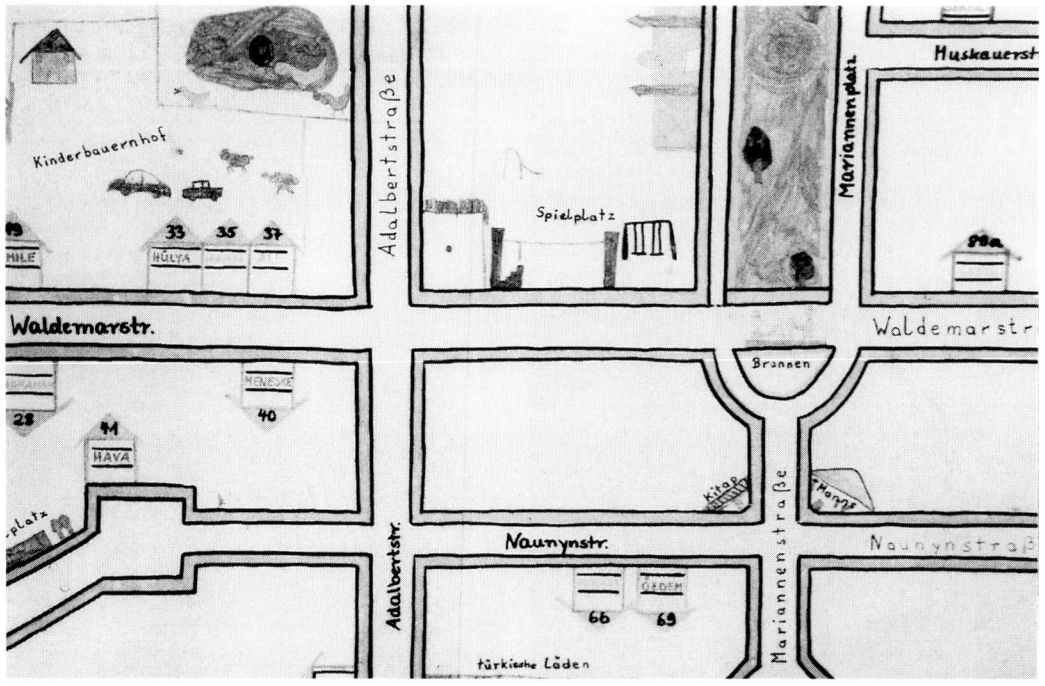

In den Plänen werden Tatsachen und Handlungen systematisiert, die den Kindern längst vertraut sind, wie: Richtung benennen, Größenvergleiche anstellen, numerieren.

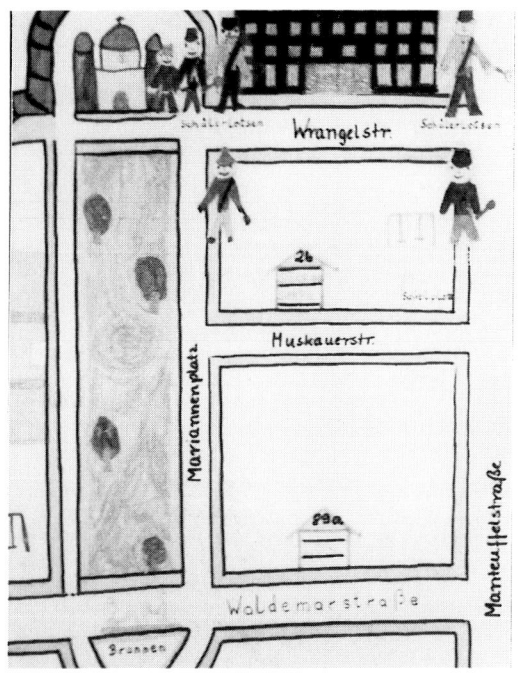

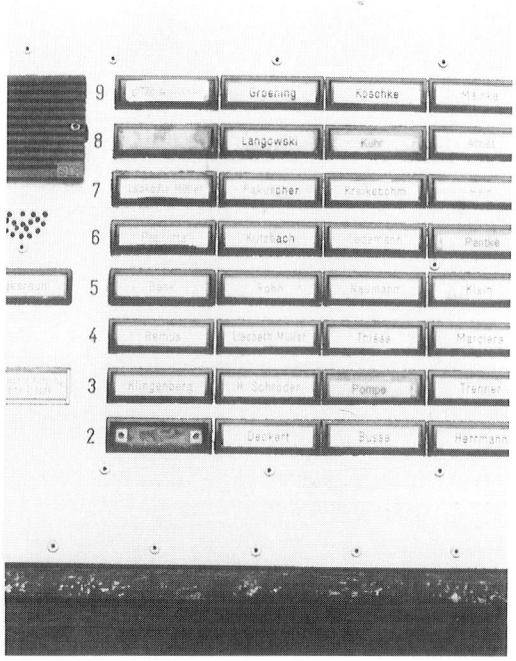

Diesen Schulwegplan hat eine fünfte Klasse für eine erste Klasse als Patenarbeit gemacht.

Orte und Wege mit besonderer Bedeutung – wie Wohnhaus, gefährliche Straßenkreuzungen, Einkaufsläden, Spielplätze – sind darauf besonders gekennzeichnet.

(Nürtingen-Grundschule in Bln.-Kreuzberg)

Ich wohne hier – mein Freund wohnt auf der anderen Straßenseite – gegenüber. Er wohnt "höher". Ich muß dort fünf Treppen steigen – bei mir nur zwei.

Das Kind merkt sich die Lage der Objekte, ihre Beziehung zueinander. Es merkt sich auch mathematische Symbole, die es als Inhaltsträger benutzen kann.

Die Zahl 39 steht für das Haus, in dem das Kind und seine Familie wohnen.

Ein Gespräch über soziale Erfahrungen – wie über Orte mit besonderer Bedeutung – , fordert einen differenzierten Wortschatz. Es stellt an türkische Kinder selbst dann hohe Lernansprüche, wenn sie vorbereitend in der Muttersprache unterrichtet würden. Sie müssen etwa zum Thema "Straße als Verkehrsraum" folgende Wörter kennen und können:

Benennend:

> *Gehweg, Fahrbahn, Radfahrweg, Radfahrer, Fußgänger, Autos, Motorrad, Ampel, Fußgängerübergang, Einmündung, Kreuzung.*

Für inhaltliche Zusammenhänge und Erlebnisse:

> *schnell, langsam, groß, klein, rechts, links, gegen, vor, hinter, plötzlich, weit, Entfernung, Abstand, nahe, viele, wenige, Autos, Zuschauer, Beule, der eine, der andere, vorwärts, rückwärts.*

... über Wege an entfernte Orte

Hier werden Zahlen zu Bedeutungsträgern:

Mit der U-Bahn läßt sich das Schwimmbad erreichen.

Mit dem Auto des Onkels wird ein Sonntagsausflug gemacht.

... über das Telefon

Verbindung aufnehmen – erzählen, sprechen, sich verabreden.

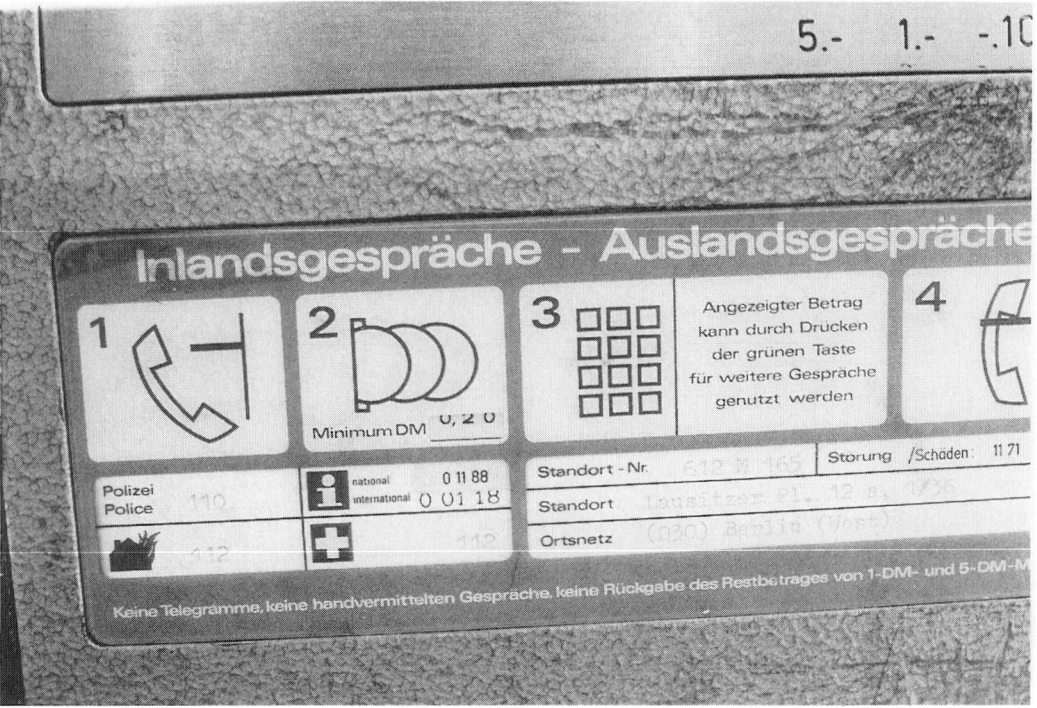

Ziffern werden zum Instrumentarium

Wer telefoniert, muß den Handlungsablauf und die Geldmünzen kennen.

Über die Zeit

Zeiteinteilungen werden erfahren (z.B. im Stundenplan):

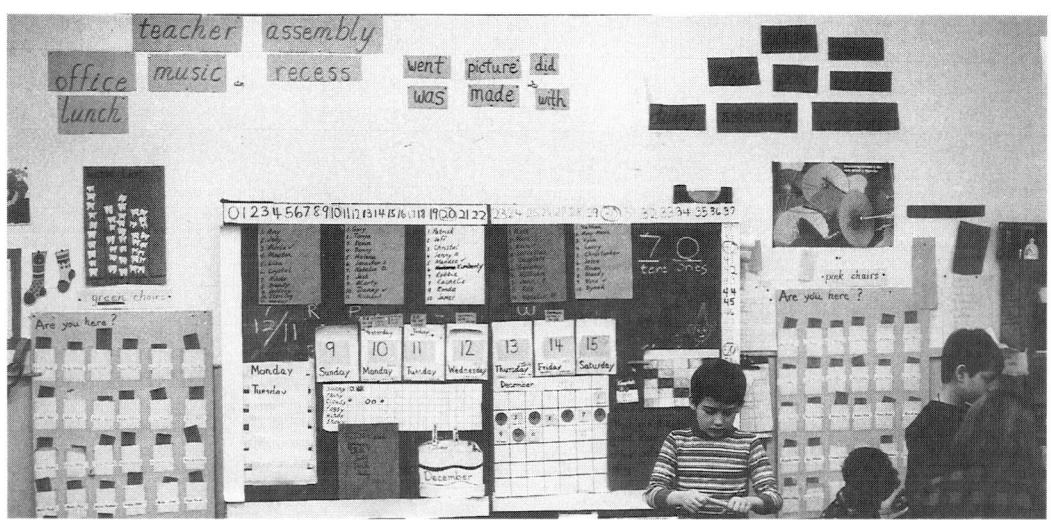

Tafel und Wand, sinnvoll und täglich genutzt mit:

Zahnverlusttabelle – Wettertabelle – Kalender (Datum, Wochentage) – Stundenverteilung und Gruppenverteilung – Zahlenstreifen – Anwesenheitsübersicht– Beliebtheitserhebung für ein Spagettigericht (yes,no).

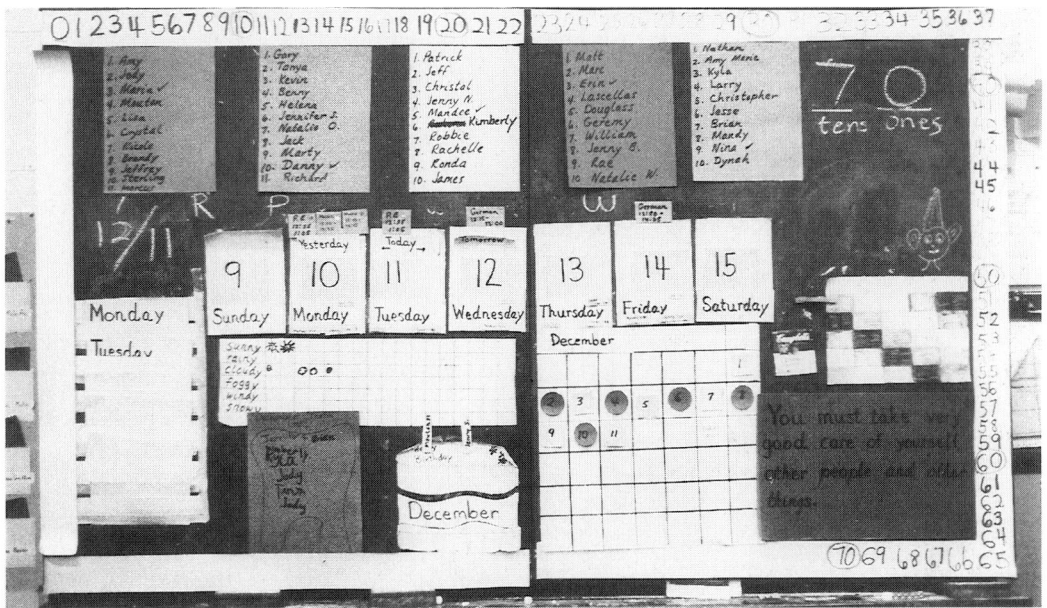

Heute ist **Dienstag**, der **11.** Dezember. Von 12.05 bis 1.05 findet der Religionsunterricht statt. **Gestern** war **Montag**, **morgen** ist **Mittwoch**.

Sichtbar werden Planung und Ablauf von Zeit.

Erlebnisse symbolisieren Vergängliches in der Zeit (wie Zahnverlust):

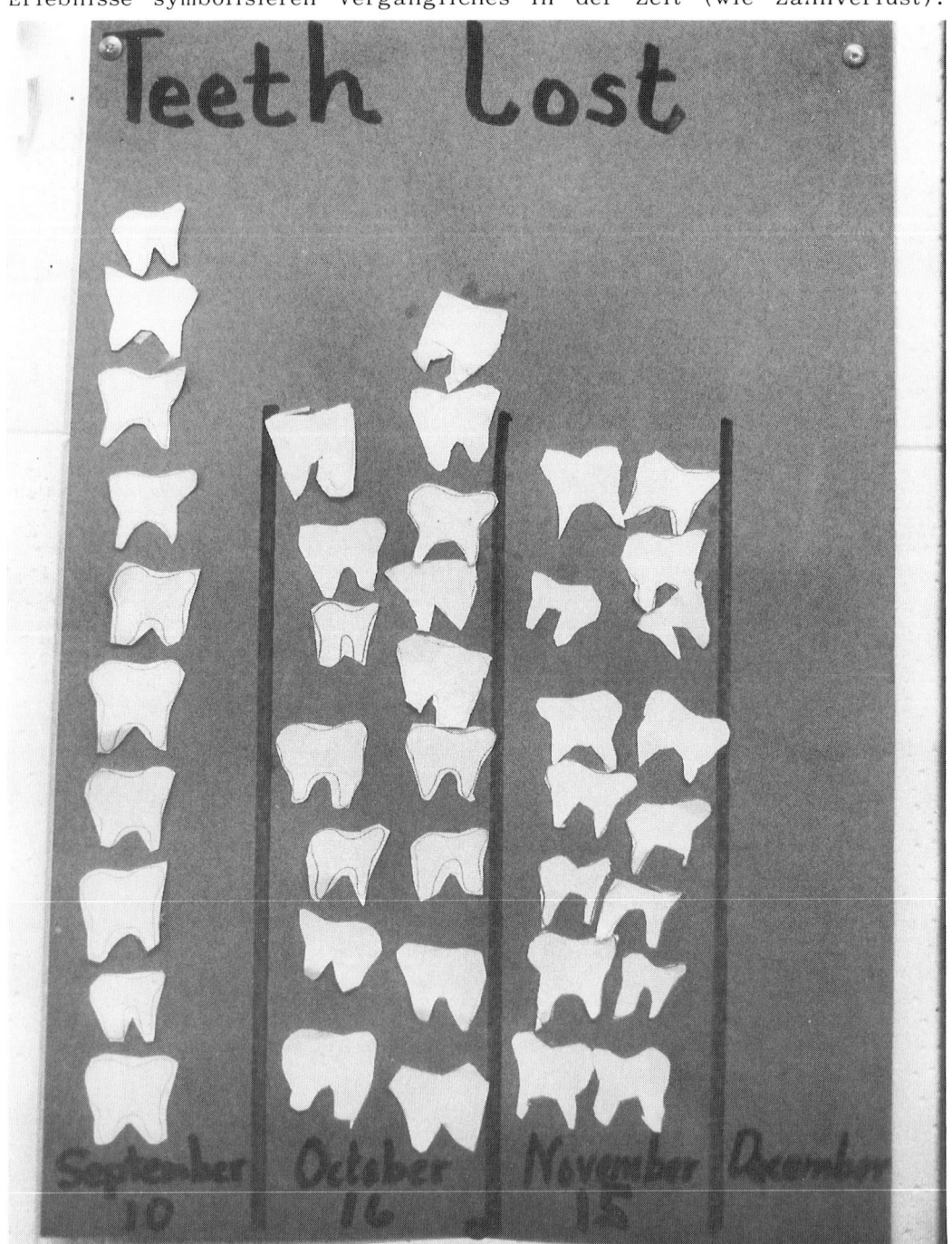

Hohe Zahnverlustrate im Oktober und November. Die Statistik haben Achtjährige angefertigt.

Immer wenn ein Kind einen Zahn verloren hat, schneidet es dafür einen Papierzahn aus und klebt ihn in die Tabelle.

52

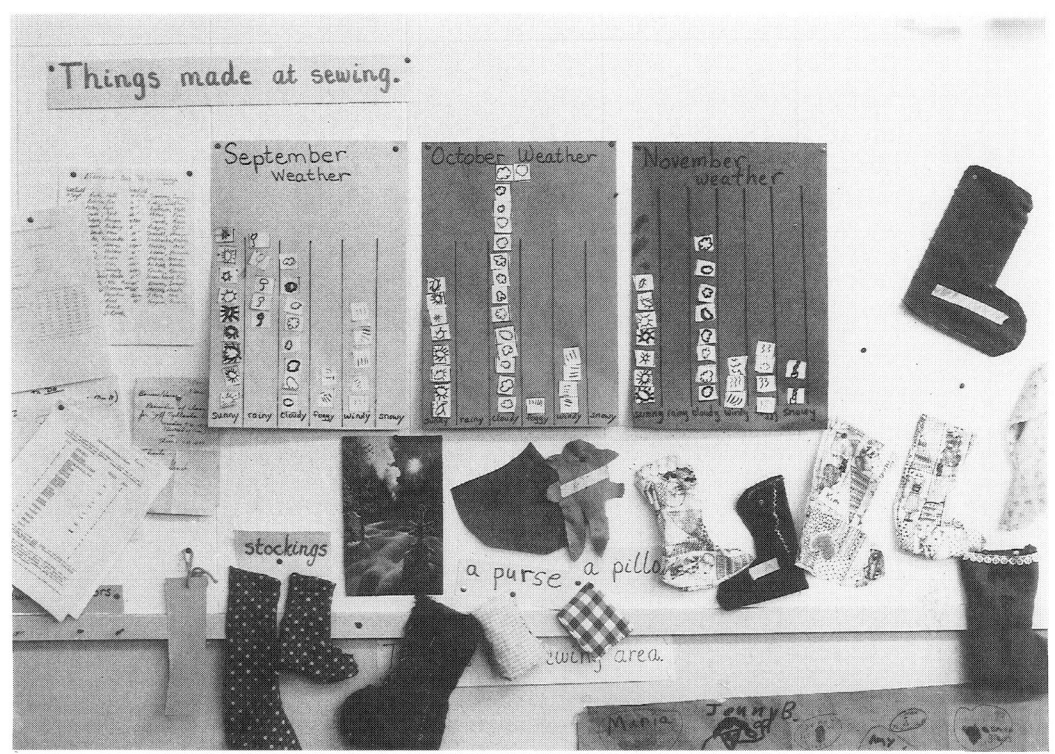

Der halbe Oktober bewölkt, im September fünf Tage Regen, Sonnentage werden weniger vom Monat zu Monat, ... Kinder lernen beobachten, klassifizieren,...

Die Socken für den Nikolaustag sind auch schon fertig.

Die Ausbildung der Anschauung des zeitlichen Zusammen.

Die Zeitreihe: anfangen, weitermachen, aufhören, beginnen, fertigmachen, fertig sein, fertig werden, zuerst, zuletzt, vor, nach, vorher, nachher, früh, früher, am frühsten, spät, später, am spätesten, vorüber, vorbei, anders, ändern, verändern, wechseln, nacheinander, abwechseln, der Reihe nach, Ende, Schluß, schließlich, beenden, Tag, Nacht, Morgen, Vormittag, Mittag, Nachmittag, Abend, Tageslauf, heute, gestern, morgen, vorgestern, übermorgen, Frühling, Sommer, Unterscheidung der Zeiten, Gegenwarts-, Vergangenheits- und Zukunftsformen; immer, oft, selten, nie, häufig; wachsen, größer, kleiner werden, zu gleicher Zeit, gleichzeitig, Pause u.a.(19)

... im Umgang mit Geld

Geld, bestimmte Münzen erfüllen Wünsche.

Die Kinder erfahren erst allmählich, in welchem Verhältnis Geld und Ware zueinander stehen.

Die Kinder erfahren erst allmählich, in welchem Verhältnis Geld und Ware zueinander stehen.

Kaufmann spielen bedeutet, sich als Käufer "Wünsche erfüllen" zu können oder als Verkäufer die Macht zu besitzen, verteilen und die Menge bestimmen zu dürfen. Dabei werden Wertvorstellungen und ein gerechtes Maß entwickelt.

Exkurs: Nicht-alltägliches Lernen

Zahlen als Bedeutungsträger

*Warum behalten einige Kinder ganz bestimmte Zahlen nicht oder lassen immer eine bestimmte Zahl aus oder haben eine Vorliebe für die eine oder die andere Zahl? Zahlen wie beispielsweise die 3 ("aller guten Dinge sind **3"**, Dreifaltigkeit: Vater – Sohn – Heiliger Geist; 1 = Geist, 2 = Leib, 3 = Seele) oder die 7 haben von altersher für die Menschen Bedeutung(2o). Was aber verbinden einzelne Kinder mit einer Zahl?*

Einige Kinder verwechseln immer wieder die 6 und die 8; genauer: wenn sie "acht" sagen müßten, sagen sie "sechs". Ich habe eine mögliche Erklärung für dieses Phänomen: den Gleichklang von "sekiz" = 8 (türkisch) und "sechs". Die Kinder meinen wahrscheinlich 8, wenn sie "sechs" sagen.

Hier wäre also der Sprachlernprozeß (in der deutschen Sprache) noch nicht abgeschlossen. Und wir denken womöglich, die Kinder können nicht rechnen ... Und Zahlenmystik oder Unbewußtes steckt auch nicht dahinter.

Aber Hülya zum Beispiel: Sie vergißt beim Zählen manchmal die 8. Sie ist gemäß Paßeintragung am 1.1. 1977 geboren, offiziell wäre sie also jetzt acht Jahre alt. Ihr körperlicher Entwicklungsstand gleicht jedoch eher einer Zehnjährigen. Ich vermute, daß sie die Zahl 8 "negativ besetzt" hat, weil sie sich wie eine Achtjährige geben will oder muß, um zu den anderen dazugehören zu können. Sie "macht" sich tatsächlich klein durch schlechte Haltung und regressives Verhalten, obwohl sie weiß oder ahnt, daß sie schon älter ist. In Hülyas Fall scheint Unbewußtes also eine Rolle zu spielen. (21)

*Heute habe ich aus reiner Neugierde die Kinder angeregt, sich eine Zahl auszudenken, die sie gerne **sein** würden. Diese Zahl sollten sie so ausmalen, erweitern, vergegenständlichen (Beispiel an der Tafel!), daß eine Figur (Mensch, Tier) erkennbar würde. Ich war gespannt auf die Ergebnisse.*

*Die Kinder haben sich eifrig darangemacht, **ihre** Zahl zu malen und sehr schnell auch andere Zahlen als Freundinnen oder Freunde dazugesellt – viele oder auch nur eine, der Realität oder ihrem Wunschdenken entsprechend. Zum Schluß haben sie einzeln ihre Geschichten zum Bild erzählt, die ich für sie aufschrieb. Jede Geschichte mußte anfangen mit "Ich bin die (eine) 1 (2, 3, 0,...)". Durch die kleinen Geschichten habe ich die Kinder neu kennengelernt. Und: Zahlen haben Be-deutung!*

Zahlengeschichten

Leman

Ich bin die 1.
Ich bin rot und orange.
Meine Freundin ist eine Null.
Sie ist auch rot und ist dick.
Ich bin auf dem Spielplatz
und spiele mit meiner Freundin.
Die 1 sagt zur 0: "Komm zu mir!
Zusammen sind wir eine 10."

Sevda

Ich bin eine 0.
Ich gehe manchmal zum Spielplatz spielen.
Meine Entenfreundin ist manchmal sehr traurig.
Dann tröste ich sie.
Die 0 ist auch mal traurig.
Dann tröstet die Entenfreundin sie.
Wenn es regnet,
nehmen wir den Regenschirm über unseren Kopf.

Ayşun

Ich bin eine kleine große 0.
Ich sage Tschüß zu meinen Freunden.
Ich bin ein Mädchen.
Die Ente ist meine Freundin,
und die 7 und die 9 sind auch meine Freundinnen.
Die Katze auch.
Wenn meine Freundinnen nach Hause gehen,
dann gehe ich auch nach Hause
und spiele mit meinen Puppen.

Mir fällt noch eine andere Begebenheit ein, bei der ich ein Kind besser kennengelernt habe. Die Aufgabenstellung im Westermann Arbeitsheft – S.1 – ist abstrakt: Vergleich zweier Mengenmächtigkeiten. Konkret soll einem Kind jeweils ein Hund zugeordnet werden. Die Mengen sind aber nicht gleich mächtig: sieben Kindern stehen acht Hunde gegenüber. Beim Verbinden wird ein Hund übrigbleiben.

Genau das ist für Hamza nicht etwa ein mathematisches, sondern ein persönliches Problem: "Oh, Hund ist allein! Das ist nicht schön. Weißt du, ich gebe Kind zwei Hunde!"

Was soll ich "als Lehrerin" machen? Ich lasse zu, daß er zwei Elemente mit einem verbindet; das "mathematische Prinzip" mag er ein andermal, an abstrakteren Elementen vielleicht, erkennen. Sein Anflug von Trauer, seine Angst, daß der Hund allein bleiben könnte, ist im Moment wichtiger. Neigt er doch selbst dazu, sich zu isolieren – aber er will nicht allein sein und übrigbleiben.

Ich habe heute ein weiteres "Zahlenidentifikationsspiel" vorgeschlagen:

Jedes Kind erhält eine Ziffernkarte. Die 5 beispielsweise wird gebeten, nach vorn zu kommen und zu sagen: " Ich bin die 5; ich suche die Zahl, die vor (nach) mir steht (bzw. die Zahl, die um 3, 2, 1,... kleiner/größer ist als ich)."

Die 4 kommt nach vorn, stellt sich vor die 5 und sagt: "Ich bin die 4, ich stehe vor der 5; ich suche jetzt die ..." usw.

Den Kindern gefiel dieses Spiel. Sie hatten zwar Schwierigkeiten, aber auch viel Spaß dabei, die Sätze auf deutsch zu formulieren.

Mathematische Berührungen

Die Kinder fassen sich viel zu selten an! Mädchen gehen Hand in Hand. Schön. Die meisten Jungen haben nur beim "Kloppen" Körperkontakt. Diese (mehr oder weniger bewußt absichtsvolle) Form berücksichtige ich zwar, wenn es um "Schlichtung" geht, aber gibt es nicht noch andere, weniger aufreibende Möglichkeiten der Kontaktaufnahme?

Heute habe ich eine Anregung einer befreundeten Kollegin aufgegriffen: "Fingerdrücken" als Zählübung.

Die Kinder setzen sich paarweise gegenüber, halten ihre Hände aneinander. Ein Kind drückt mit seinen Fingern (oder nur einem Finger) x-mal gegen die Finger des Partners. Dieser muß schließlich sagen, wie oft gedrückt wurde.

Die Kinder waren begeistert. Zwar haben sich nur gleichgeschlechtliche Paare gefunden. Aber die Kinder haben Spaß gehabt und waren ernsthaft bei der Sache. Besonders Hülya (relativ scheu und depressiv) und Demet (stark sehbehindert) haben es genossen, die "Übung" mit mir zu machen. Ich habe es auch genossen!

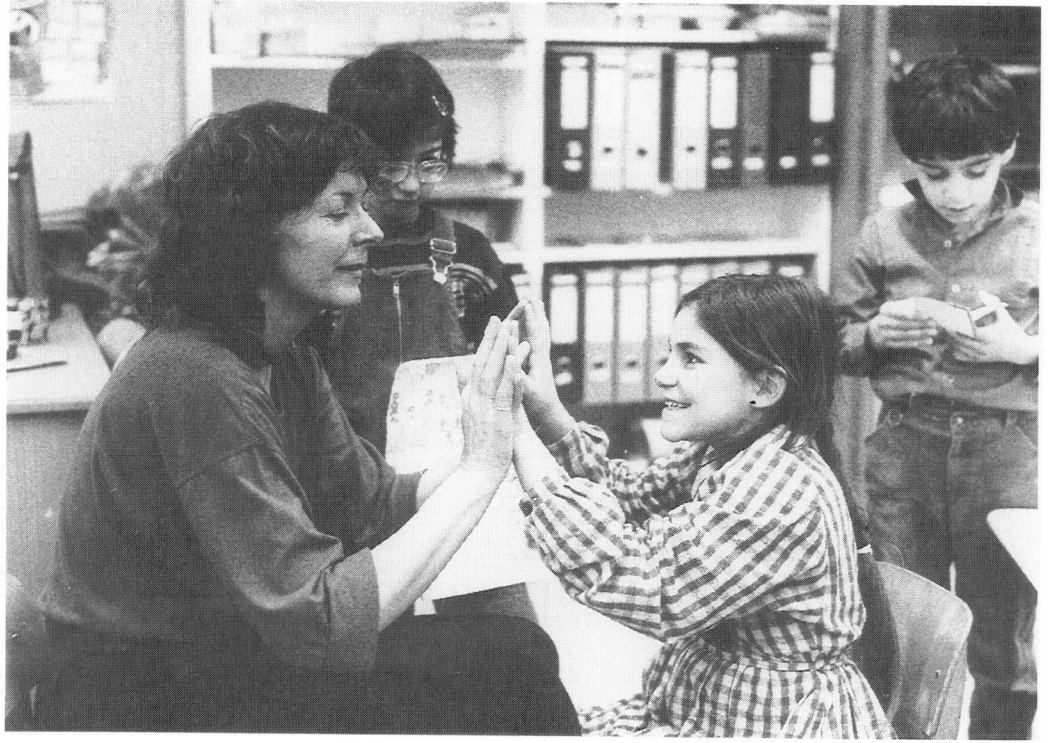

Ein anderes Spiel zum "Körperkontakt" ist eine Art "Stille Post" ohne Worte:

Es finden sich wieder Paare zusammen. Ein Kind stellt sich hinter ein anderes und tippt x-mal bzw. schreibt eine Zahl auf dessen Rücken. Das vordere Kind sagt dann oder zeigt mit den Fingern oder schreibt die Zahl auf.

57

Oder: vier Kinder stellen sich hintereinander in eine Reihe. Das letzte Kind schreibt oder tippt eine Zahl auf den Rücken des vor ihm stehenden Kindes, dieses gibt die Zahl ebenso weiter, das vorderste Kind sagt schließlich die angekommene Zahl oder schreibt sie an die Tafel.

Mit Tönen zählen

Mit Triangel, Glockenspiel, Klanghölzern usw. habe ich – dann auch einzelne Kinder – (abzählbare) Töne erzeugt und damit folgende "Spiele" ausprobiert:
"Zähle mit": Auf einem Instrument werden Töne angeschlagen, die Kinder zählen leise, aber hörbar mit. Das Tempo kann variiert werden.

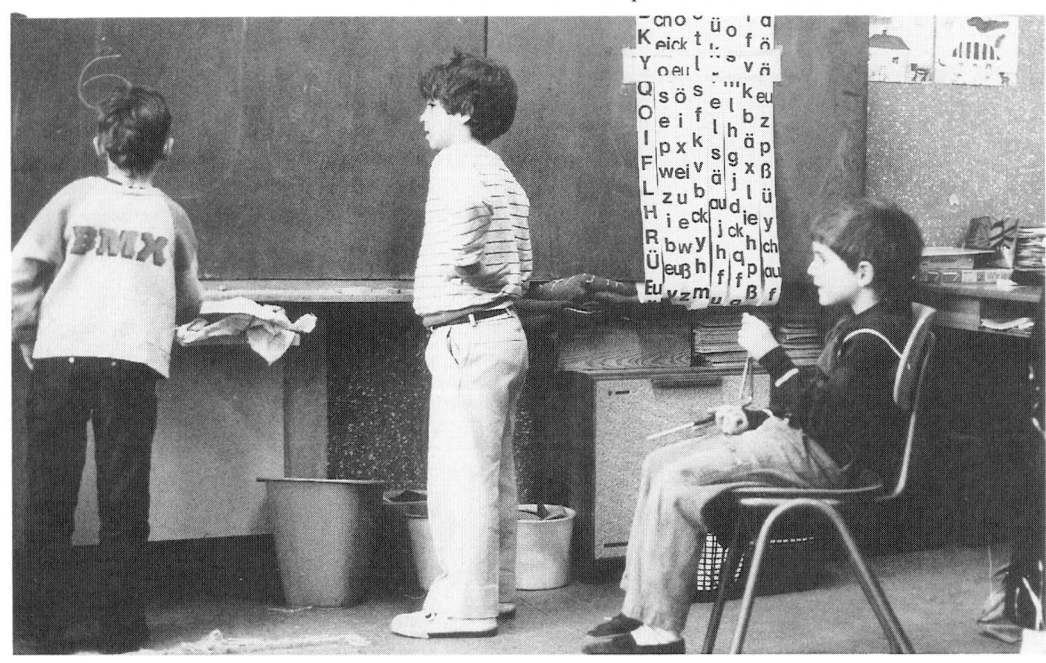

"Zeige, schreibe, klopfe, klatsche, hüpfe,... was du hörst": Eine bestimmte Anzahl Töne wird angeschlagen, die Kinder (oder ein Kind) zeigen die entsprechende Zahl auf einem Zahlenstreifen an der Tafel oder auf dem Tisch oder schreiben die Zahl auf (Tafel, Heft). Die Töne können auch zum gleichzeitigen Mitklopfen, Mitklatschen oder Mitgehen anregen.
Auf dem Glockenspiel kann auch die Tonfolge als Zahlenfolge genutzt werden; die Folge C-D-E-F-G entspräche der Zahlenfolge 1-2-3-4-5. Auf dem Glockenspiel wird beispielsweise C-D-E angeschlagen, die Kinder gehen drei Schritte vorwärts. Die Tonfolge F-E-D-C könnte sie anregen, vier Schritte rückwärts zu gehen. Für das Vor- und Rückwärtszählen (-gehen) können in der Tonlage unterschiedliche Glockenspiele benutzt werden.

Ausblick: Zum Üben der Addition können die Instrumente wiederholt eingesetzt werden. Dabei wird anregend sein, die Summanden durch unterschiedliche Tonhöhe oder durch zwei (bei mehreren Summanden entsprechend mehr) Instrumente zu verdeutlichen.

Bei Subtraktionsübungen eignet sich wieder das Glockenspiel: Eine Ton-folge (C–D–E–F) legt die Ausgangsmenge (4) fest, die dann angeschla-genen Töne F–E ("zurück") bezeichnen den Subtrahenden(–2). Gleichzei-tiges Vor- und Rückwärtsgehen auf einem auf dem Fußboden befestigten Zahlenstreifen unterstützt den Vorgang motorisch (Gehen) und visuell (Zahlenstreifen).

Die Kombination Klang–Bewegung–Sprechen ermöglicht viele Variationen, unterstützt optimal das Zählen–Zahlen–Lernen. Mehrere Ebenen werden angesprochen, kommen zum Tragen: die motorische, auditive, kognitive und – weil es Spaß macht – die emotionale. Zähleinheiten "schreiben" sich durch Bewegung in den Körper ein.

Erinnerungs- und Ordnungsspiele

Memory-Spiel – Sortierchips– Plastik– und Papiershapes

Memory–Spiel

Im Memory-Spiel(22) kommen bildliche Darstellungen von Gegenständen aus der Umwelt der Kinder wie Nahrungsmittel (Butterbrote, Tomaten, Gurken), Spielzeuge (Fahrräder, Roller) je zweimal vor. Sie sollen aus einer verdeckten Menge durch Aufdecken als zusammengehörig (gleich) herausgefunden werden.

Es hat sich als sinnvoll erwiesen, nicht alle Paare eines Spieles zur gleichen Zeit einzusetzen. Etwa 2o Gegenstandspaare bilden bei zwei bis vier Mitspielern eine geeignete Spielkartenmenge. Das Spiel bleibt dadurch für die Kinder optisch und zeitlich überschaubar.

Die zurückbehaltenen "Spielpaare" können als Ersatz für verlorengegangene Karten benutzt werden. Die Spielkartenmenge kann aber auch bei zunehmend besserer Spielbeherrschung nach und nach erweitert werden.

Spielvariante: Benennen und Zählen

In der Arbeit mit Kindern einer anderen Muttersprache kann das Memory-Spiel gut variiert werden. Die aufgedeckten Karten gelten nur dann als gewonnen, wenn sie sprachlich richtig benannt sind. Es bieten sich verschiedene Möglichkeiten an:

- Nomen (Singularform) mit/ohne bestimmten/unbestimmten Artikel,

  z.B. der/ein Roller; Roller,

- Nomen (Pluralform) mit Bezeichnung der Anzahl,

  z.B. die Roller, ein Roller, zwei Roller...

Es ist auch denkbar, das Spiel mit jüngeren Kindern so zu spielen, daß alle Karten aufgedeckt liegen und die zusammengehörigen Paare gezeigt und benannt werden.

Eine andere Variante wäre, nur die Kartenpaare herauszusuchen, auf denen z.B. Spielzeuge oder Nahrungsmittel abgebildet sind. Herausfinden und Benennen des Oberbegriffs hieße dann die Aufgabe.

Wenn die Lehrer abschätzen, welchen Kindern sie welche Variationen vorschlagen, sollten sie ihren Sprachstand, Selbstbewußtsein und Spielausdauer berücksichtigen. Bei den Karten, die zu Schuljahresbeginn eingesetzt werden, ist es vor allem wichtig, solche Bildpaare auszuwählen, die dem Sprachstand der Kinder entsprechen oder ihrem Spracherwerb besonders dienlich sind.

Wir mußten allerdings auch feststellen, daß einzelne Kinder die abgebildeten Gegenstände weder auf deutsch noch auf türkisch benennen konnten. Wir beobachteten, daß sich die Kinder untereinander beim Finden der richtigen Bildbezeichnungen zwar unterstützten, merkten aber immer wieder, daß die enge Zusammenarbeit eines deutschen und eines türkischen Lehrers im Unterricht unbedingt notwendig ist.

Das Spiel ist beendet. Wer hat mehr Karten gewonnen? Die Kinder finden es auf ihre Weise heraus.

Sortierchips

Diese Plättchen legten wir ursprünglich zum Abdecken einzelner Spiele
ins Mathematikregal. Die Schüler haben mit ihnen vielfältige Zähl- und
Ordnungsspiele selbst entdeckt.
Die Sortierchips (3 cm) kann man, je 1oo Stück mit zehn verschiedenen
Motiven (Vogel, Ente, Fisch, Hase, Katze, Hund, Huhn, Apfel, Birne
und Blume), kaufen. (23)

Ahmet hat ein Spiel selbst erfunden. Ersortiert die Chips nach Motiven,
bildet also Mengen nach bestimmten Merkmalen.
Zwischendurch zählt er immer wieder, wie viele Katzen, Vögel er schon
herausgefunden hat.

Plastik- und Papiershapes

Material:

Der englische Lehrmittelverlag Philip & Tacey bietet Sets sogenannter "wise real things" sowohl als Schablonen aus Plastik als auch aus gummiertem Papier an (Menschen- und Tierdarstellungen sowie Fortbewegungsmittel; c.a. 7,5 cm durchschnittliche Größe, verschiedenfarbig gestaltet).(24)

Jedes gummierte Set enthält 576 Stück, d.h. jeweils 6 Exemplare 12 verschiedener Formen in den folgenden Farben: rosé, violett, dunkelgrün, gelb, rot, orange, dunkelblau und schwarz. Es kostet 1o - 15 DM.

Jedes Set aus Plastikteilen enthält 64o Stück in den Farben: rot, blau, gelb und grün. Es kostet etwa denselben Preis.

Die aufgeklebten Gegenstände sollen später gezählt werden. Es lassen sich die verschiedensten Zählkarten auf diese Weise leicht und schnell herstellen.

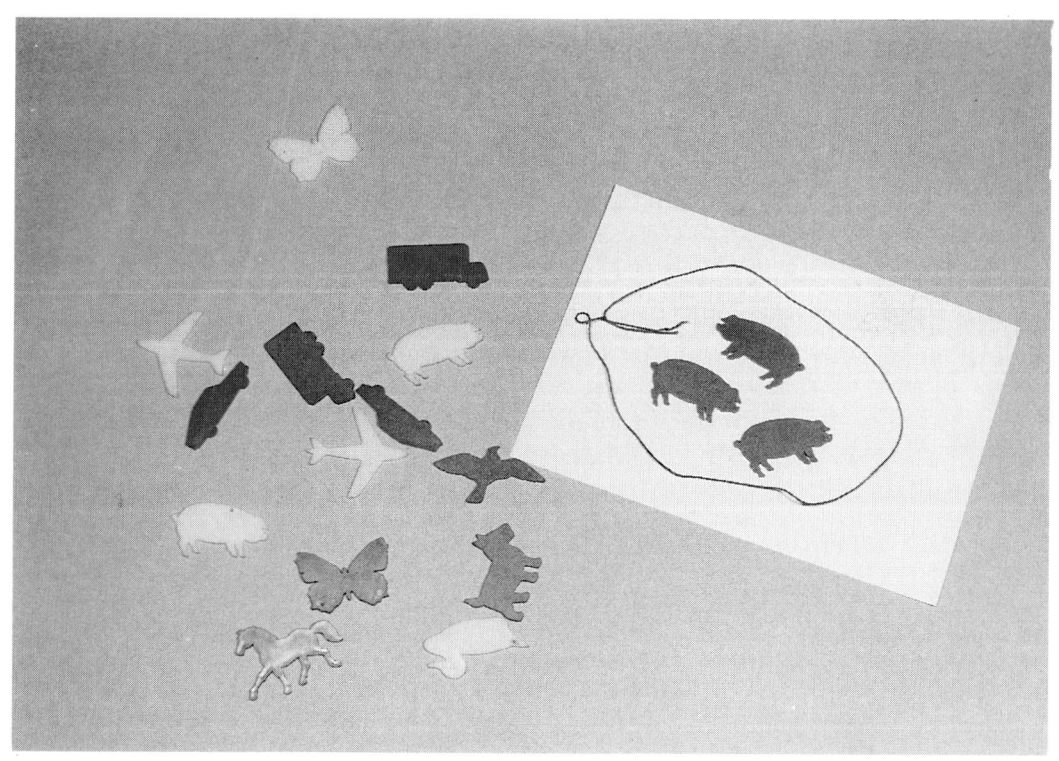

Die Schüler stellen Arbeitskarten selber her; der erste Schritt dazu:
Die Formen sind zum Nachzeichnen hingelegt.

Farb- und Formspiele

Farbkarten-Würfelspiel - Klang-, Farb- und Flaschenspiel - Hakenbrettspiel - Formen-zuordnungsspiel - Kreis - Merkmalkombi.

Nach unseren Erfahrungen haben die türkischen Kinder vor Schulein-tritt selten Gelegenheit, einen vielseitigen Umgang mit Farben, geome-trischen Formen und Größenverhältnissen zu erlernen. Entsprechende Fertigkeiten im nonverbalen (zuschauen, sortieren) und sprachlichen (passiv-aktiv) Bereich sind deshalb wenig entwickelt. Auch die Kinder, die einen Kindergarten oder eine Vorschulklasse besucht haben, sind sprachlich oft noch unsicher. Darum soll unsere Materialsammlung auch zu Spielen in diesem Themenkreis anregen.(25)

Die vorgestellten Spiele unterscheiden sich stark im Schwierigkeitsgrad. Fördern z.B. einige Spiele lediglich Farbkenntnisse (Farbzuordnungen mit Farbenwürfeln), geht es bei anderen um das Verknüpfen mehrerer Merkmalskategorien z.B. von Form, Farbe und Größe (bei Clownspiel, Merkmalkombi). Bei der Entwicklung und Auswahl der Spiele ist unbe-dingt auf die jeweilige "Lernübungsebene" sowie den speziellen Ent-wicklungsstand der Kinder zu achten.

Gute Erfahrungen haben wir damit gemacht, zu einem Sachgebiet Spie-le, Aufgaben und Anregungen mit unterschiedlichen Schwierigkeitsni-veaus anzubieten. Wir stellten fest, daß die Kinder ihr eigenes Können und das sie ansprechende Material selber herausfinden. Bei freier Wahl aus einem breit gefächerten Lernangebot konnten sie im allgemeinen ihr eigenes Entwicklungstempo gut bestimmen.

Farbzuordnungsspiele lassen sich über folgende Schrittfolgen entwik-keln:

● Nonverbale Zuordnungsspiele, Sortierspiele.
  Die Farbe muß hier noch nicht benannt werden können.

● Farbbenennungsspiele

  ● Verbindung von Wahrnehmung und Wort

  ● Übung des aktiven Wortschatzes (Beispiel: Klang-Farbflaschen-spiel)

  ● Übung der Generalisierung (Beispiel eines Spiels im Sitzkreis: Alle Kinder mit grünen ... krabbeln ... unter den Tisch ...)

Auch bei der Entwicklung von Spielen, Übungen, Aufgaben im Lern-bereich der Form- und Größenvorstellung sollten die methodischen Schritte "Sortieren", "Benennen", "Übung des aktiven Wortschatzes" und "Generalisieren" berücksichtigt werden. Zum Wortschatz gehören hier die Bezeichnungen der unterschiedlichen Merkmale, seien es Farben (schwarz, weiß, rot, blau, grün, gelb) oder Größen (groß, klein, mittel) oder Formen (Kreis, Viereck, Rechteck, Quadrat, Dreieck).

Farbkarten-Würfelspiel

Ziel:

Wahrnehmung und Kenntnis von Farben (schwarz, weiß, rot, gelb, grün und blau).

Spielform:

Zwei bis vier Kinder.

Material:

Für jedes mitspielende Kind wird eine Grundkarte benötigt, die in sechs verschiedene Farbfelder eingeteilt ist, sowie eine entsprechende Anzahl von "Spielsteinen" (Steckwürfel, Bohnen, Sortierchips usw.) zum Abdecken der Felder.
Ein Farbwürfel.

Spielablauf:

Es wird reihum gewürfelt. Die erwürfelte Farbe wird auf der Grundkarte mit einem "Spielstein" besetzt. Erwürfelt ein Kind ein bereits belegtes Farbfeld, setzt es aus. Das nächste Kind würfelt weiter. Gewonnen hat, wer zuerst alle Farbfelder abgedeckt hat.

66

Praktische Erfahrungen:

Reine nonverbale Zuordnungsspiele sind im allgemeinen für Sechsjährige zu leicht, um sie noch zu motivieren. Wie ich schon sagte, sollten jedoch mit nicht deutschsprachigen Kindern Farbbezeichnungen wiederholt geübt werden.

Das Farbenerkennen, "Farben üben" in einem Spiel an den Zufallsgenerator Farbwürfel zu binden, hat sich für die Kinder als interessant erwiesen. Wir konnten wiederholt beobachten, daß Schüler beim Spielen ihre sprachlichen Fähigkeiten übten und vertieften. Gegen Ende eines Spieles, d.h. wenn bestimmte Farben bereits abgedeckt waren, sprachen die Kinder sich auf noch benötigte Farben an und unterhielten sich auf türkisch oder deutsch über ihre Spielerfolge.

Klang-, Farb- und Flaschenspiel

Ziel:
Differenzierung der optischen und akustischen Wahrnehmung.

Spielform:
Allein oder mehrere Kinder.

Material:
Zwanzig fest verschließbare, mit einer Farbe angemalte Flaschen, von denen immer zwei mit gleichem Inhalt gefüllt sind, z.B. ein Eßlöffel Reis, ein Eßlöffel Kieselsteine, zehn Schrauben, ein achtel Liter Wasser usw., so daß sie sich im Klang unterscheiden. Je zwei gleichklingende Flaschen sind an der Flaschenunterseite durch gleichfarbige Farbfilze markiert.

Zehn Kärtchen, die auf je zwei schwarze Kreise als Umriß der Flasche gezeichnet sind.

Ein Pappkarton zum Aufbewahren der Flaschen.

Spielablauf:
Die Kinder versuchen – ähnlich wie bei Memory – durch Schütteln herauszufinden, ob jeweils zwei Flaschen gleich klingen. Wer zwei gleichklingende Flaschen gefunden und die Richtigkeit durch die Farbfilze an der Flaschenunterseite überprüft hat, stellt das gleichklingende Paar auf eine Karte.

Variationen:
Die Flaschen können auch unabhängig von der Klanggleichheit verschiedenfarbig angemalt werden, so daß zusätzliche Varianten möglich sind. Wir wählten je zwei Flaschen hellrot und dunkelrot, analog blau, grün, gelb und braun; d.h. fünf verschiedene Farben in ihren hell-dunkel Nuancierungen für jeweils vier Flaschen. Wir probierten zwei Möglichkeiten aus:

● Die Kinder klassifizieren die Flaschen nach Farben (Mengenbildung).

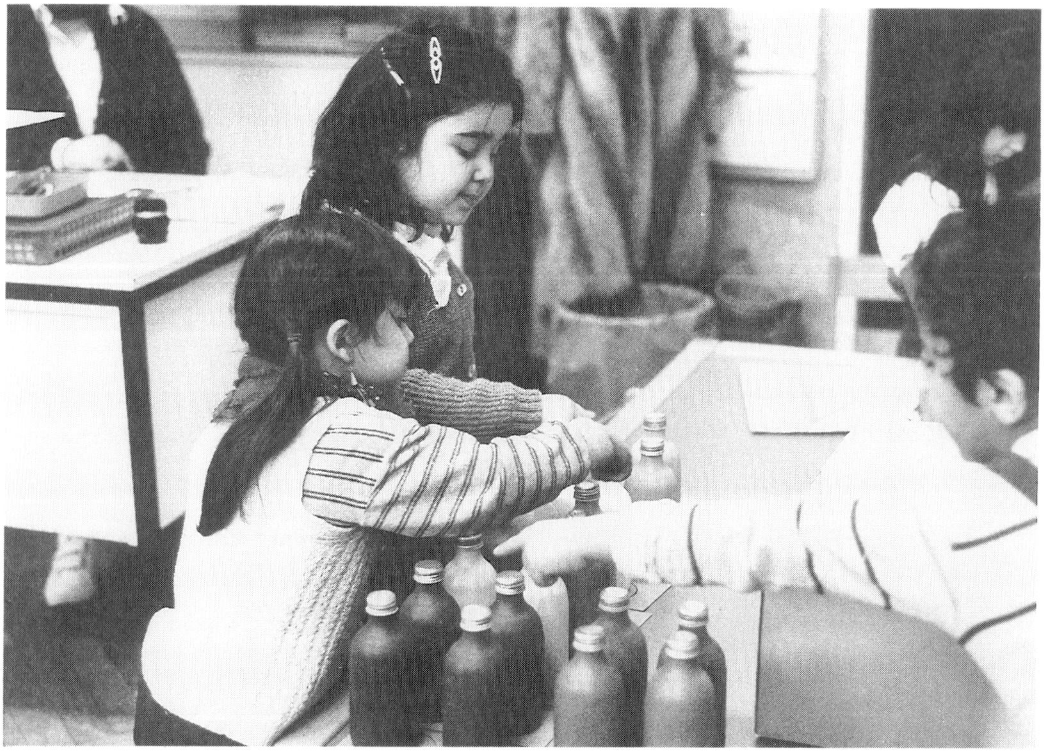

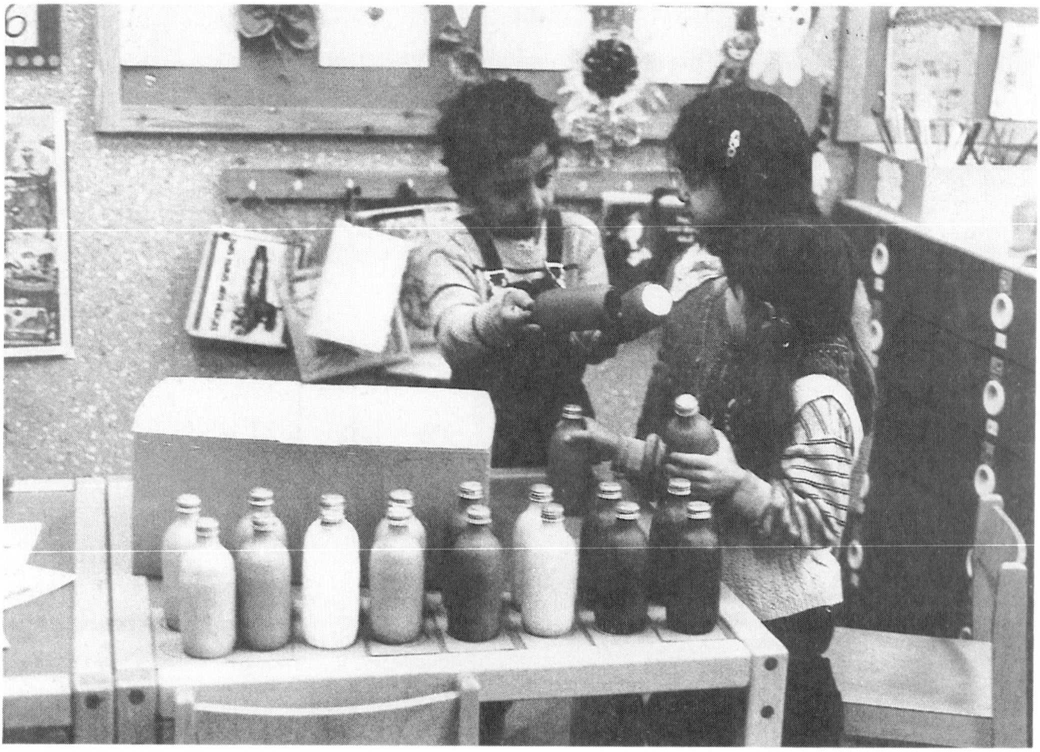

● Die Flaschen stehen in hell-dunkel Kombination auf den Grundkarten. Die mitspielenden Kinder schließen die Augen. Der Spielleiter (ein Kind, der Lehrer) vertauscht zwei (später mehrere) Flaschen. Die Kinder zeigen, benennen, was sich verändert hat.

Schwieriger ist es, das Spiel zu spielen, wenn die Flaschen bereits zu Beginn des Spieles farblich nicht zugeordnet auf den Grundkarten stehen, es bereitet aber trotzdem viel Spaß.

Nach unseren Erfahrungen konnten die meisten türkischen Schüler bei Schuleintritt Farben nicht differenziert auf deutsch oder türkisch benennen. Die vorgestellten Spielformen haben auch den Zweck, die Farbensprache zu üben.(26)

Hakenbrettspiel

Ziel:

Schulung und Differenzierung der optischen und haptischen Erfahrung/ Wahrnehmung (hier: der Begriffe klein-mittel-groß, dick-dünn, leicht-schwer).

Spielform:

Allein oder mehrere Kinder.

Material:

Eine Holzplatte, ca. 4ox3o cm, am besten aus Weichholz, da in beschichtetes Preßspan die Hakenlöcher extra vorgebohrt werden müßten.

Ein Holzbrett, ca. 2ox4o cm, auf dem das oben beschriebene Brett senkrecht, mittig mit zwei bis drei Metallwinkeln montiert werden kann.

Dreißig Haken in drei verschiedenen Größen, die in eine Seite des senkrecht stehenden Brettes geschraubt werden.

Eine den Haken entsprechende Anzahl von Metallringen in drei verschiedenen Größen, mit der "Größe" des Ringes ändert sich auch seine "Dicke".

Ein Behälter zum Aufbewahren der Ringe.

Spielablauf:

Die einfachste Spielform ist, daß alle Ringe an die entsprechenden Haken gehängt werden, kleine Ringe auf die kleinen Haken, große Ringe auf die großen Haken ...

Variationen:

Nachdem den Kindern die Begriffe (groß-mittel-klein) bekannt sind, läßt sich die Spielanweisung auch so verändern, daß alle kleinen Ringe an die großen Haken gehängt werden und alle großen an die mittleren.

- Tastspiele
  - Die Ringe sollen "blind" (mit verbundenen Augen) an die entsprechenden Haken gehängt werden.
  - Die Ringgröße wird "blind" erfühlt und benannt.
  - Da die von uns gekauften Ringe nicht nur in der Größe variierten, sondern auch in der Stärke, übten wir auch Benennungen zu dick und dünn, leicht und schwer.

- Geschicklichkeitsspiele
  - Mit einer Angel läßt sich das Hakenbrett zu einem Zähl- und Geschicklichkeitsspiel abwandeln. (Unter "Angel" verstehen wir einen Holzstab, an dessen Ende ein Haken befestigt ist.) Die Kinder entwickeln zwei verschiedene Spielvarianten:
  - Es wird erwürfelt (mit einem oder zwei Würfeln), wieviele Ringe jeweils von einem Spieler geangelt werden dürfen. Nachdem alle Ringe "abgehängt" sind, hat der gewonnen, der am meisten Ringe angeln konnte, oder auch: der am wenigsten hatte. An dieser letzten Variation hatten die Kinder ebenfalls viel Spaß.
  - Eine einfache Geschicklichkeitsübung ist, möglichst viele Ringe mit der "Angel" abzuhängen, ohne daß der jeweils erangelte Ring abgelegt werden darf.

- Sortierspiele
  - Häufig konnten wir Kinder beobachten, die die Ringe immer wieder der Größe nach sortierten, mit ihnen Schlangenmuster zeichneten oder rosettenähnliche Muster legten.

Formenzuordnungsspiel–Kreis

Ziel:

Schulung der optischen Wahrnehmung, Differenzierung der Formerkennung: Kreis, sowie der Farbwahrnehmung schwarz-weiß.

Spielform:

Allein.

Material:

Eine Grundkarte (DIN A4-Vorlage auf schwarzer Tonpappe) mit zwölf verschieden schwarz-weiß gestalteten Kreisen (siehe Kopiervorlage).

Ein Briefumschlag (Hülle) mit ausgeschnittenen, der Grundkarte entsprechenden Kreisen. (Zum Aufbewahren dieses oder ähnlich gestalteter Spiele eignen sich am besten Klarsichthüllen.)

Spielablauf:

Es wird nach den Regeln des Lottospiels verfahren.

Variationen:

Statt eines Kreises könnte man auch Dreiecke oder Vierecke als Grundform verwenden, oder auch Positiv-Negativ Darstellungen verschiedenster Formen zuordnen lassen.

Dieses Formenlotto kann auch zu einem Würfelspiel erweitert werden.

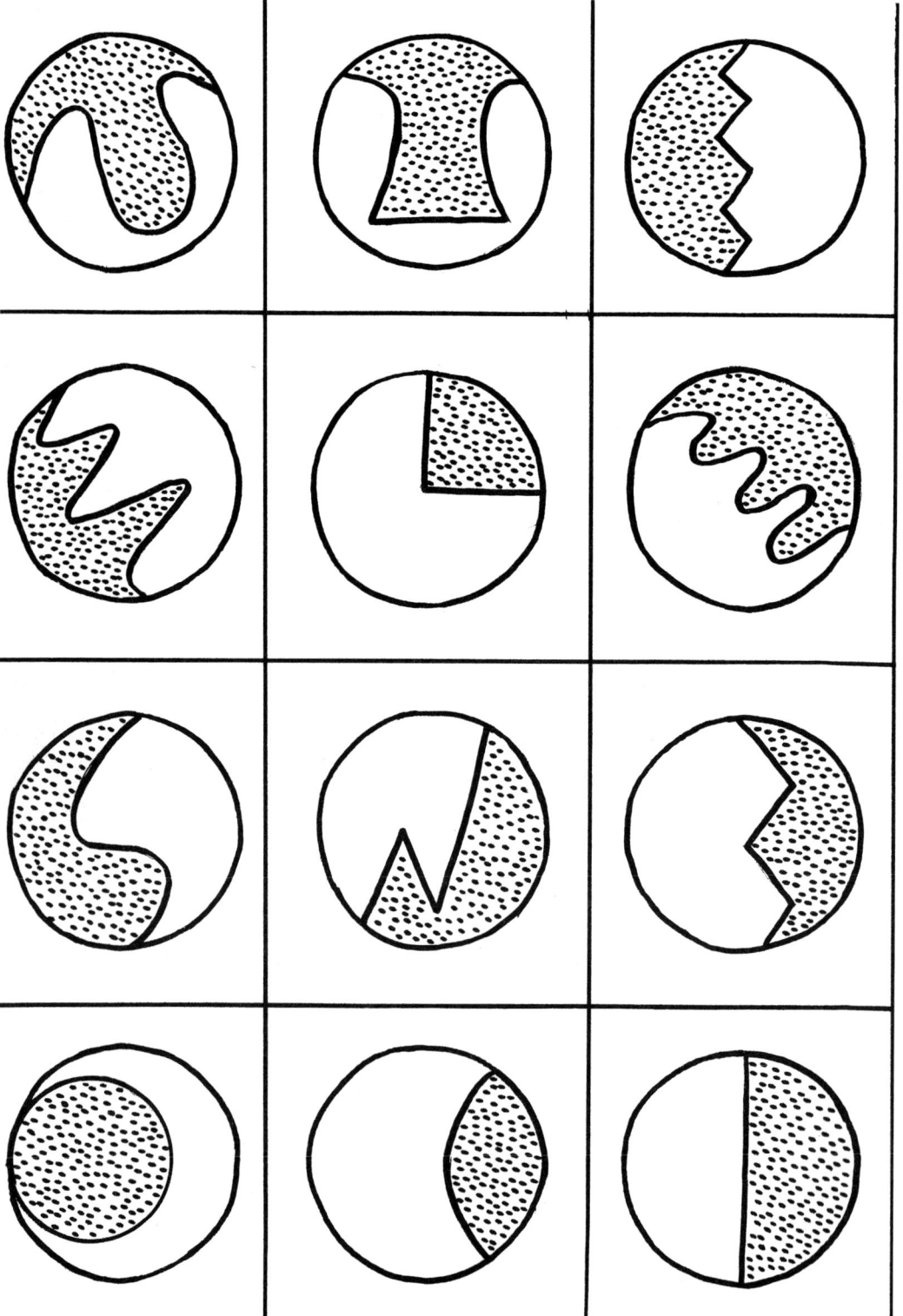

Kopiervorlage zum Spiel

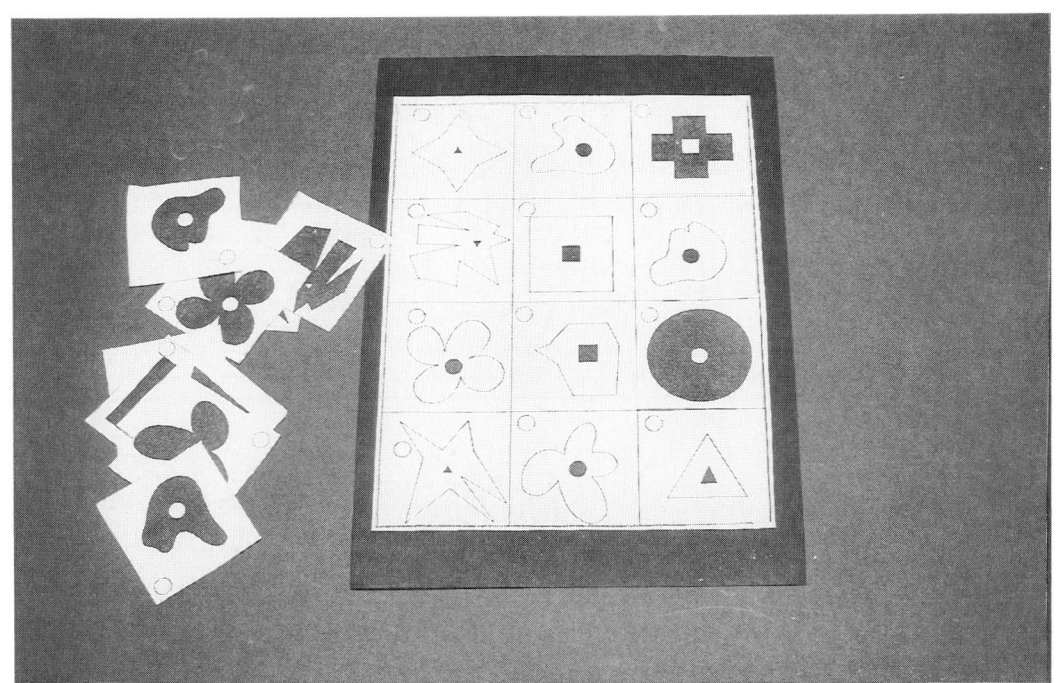

Bei diesem Spiel sollen jeweils die Positiv- und Negativdarstellung einer bestimmten geometrischen Form einander zugeordnet werden.

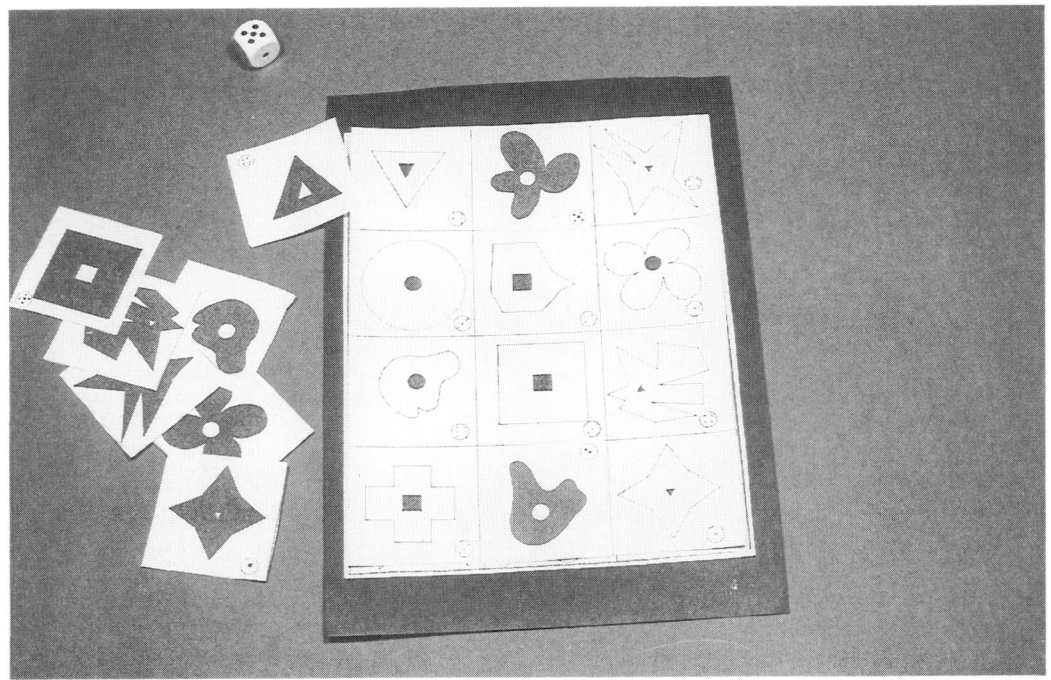

Diese Abbildung zeigt ein Partnerspiel, bei dem ebenfalls die Positiv- und Negativdarstellung einer bestimmten geom trischen Form einander zugeordnet werden sollen. Die Reihenfolge der Zuordnung wird durch die erwürfelten Augenzahlen ermittelt.

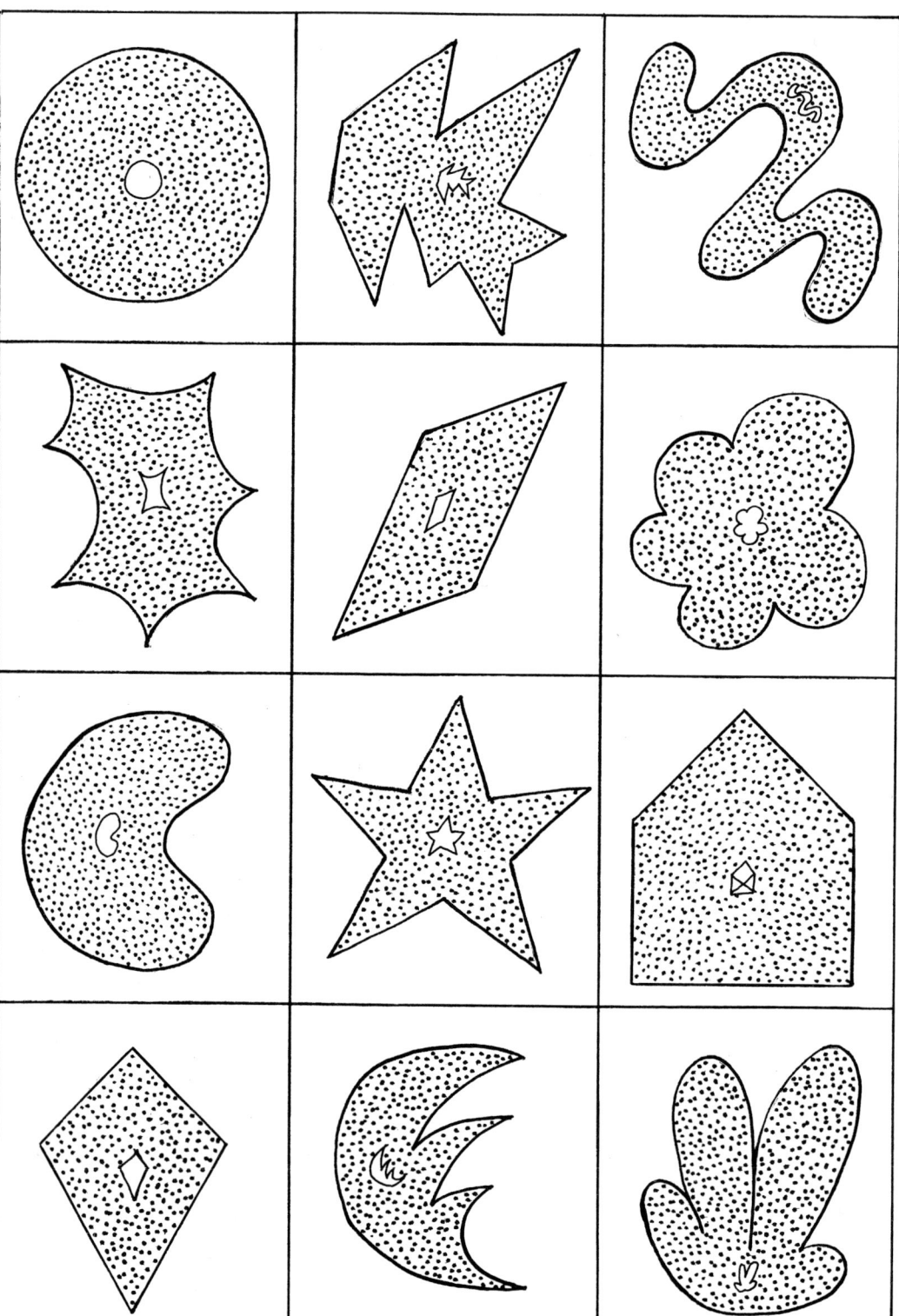

Merkmalkombi

Ziel:

Festigung der Begriffe: Dreieck, Viereck, Kreis; groß, klein; rot, grün, blau, gelb.

Festigung der Symbolkenntnis.

Herstellen von Merkmalverbindungen.

Spielform:

Mindestens zwei Kinder.

Material:

Ein Satz dünner Dienes-Merkmalplättchen; es sollten dünne Plättchen verwendet werden, damit das Problem der Körperhaftigkeit der Plättchen irrelevant wird.

Drei Würfel, die wie folgt markiert sind:

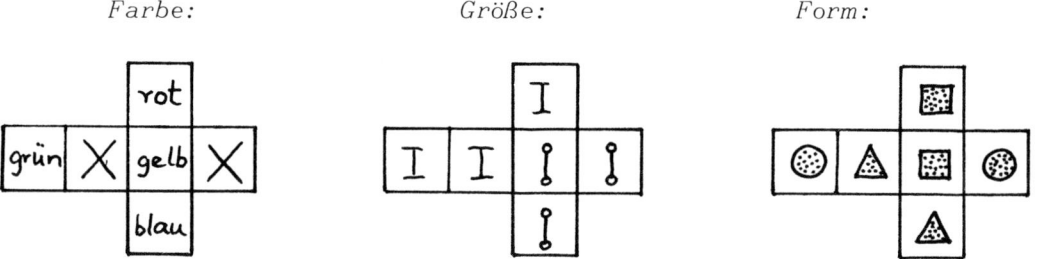

Spielablauf:

Die Plättchen werden in der Mitte des Tisches ausgelegt. Jedes Kind würfelt reihum mit allen drei Würfeln. Es benennt die gewürfelten Merkmale und sucht ein entsprechendes Plättchen heraus. Dadurch, daß der Farbwürfel zwei Leerfelder hat, ist die Zuordnung nicht immer eindeutig. Plättchen können nach Farbvorlieben gewählt werden. Gespielt wird, bis alle Plättchen vergeben sind. Es gewinnt das Kind, das die meisten Plättchen erspielen konnte.

Kinder, die noch nicht zählen können, legen ihre Plättchen nebeneinander und stellen so fest, wer gewonnen hat.

Das Spiel wurde erstmals eingesetzt, nachdem die Begriffe Dreieck, Viereck, Kreis; groß, klein; rot, grün, blau, gelb auf deutsch und türkisch erarbeitet worden waren. Sie konnten darum als passives Wissen bei den meisten Kindern vorausgesetzt werden.

Es war anfangs möglich, mit zwölf Kindern gleichzeitig zu spielen. Die Spannung wuchs mit der schwindenden Plättchenmenge in der Mitte des Tisches. Jeder wollte noch eins bekommen. Darum dachten die Kinder auch dann mit, wenn sie selbst nicht an der Reihe waren.

Zeitweise war es eine beliebte Anschlußbeschäftigung, durch Umfahren der Plättchen Bilder zu zeichnen und auszumalen.

Suna hat durch erwürfelte Leerfelder die Möglichkeit erhalten, sich ein Plättchen aus-
zusuchen, doch Yaşemin hat bereits ein Auge darauf geworfen.

Anzahl bzw. Mächtigkeitsvergleich

Clownspiel – Würfelpyramide – Bohnenspiele – Schnipp-Schnapp – Lottospiel – Domino-spiele – Mensch-ärgere-dich-nicht.

Clownspiel

<u>Ziel</u>:

Festigung der Farbkenntnis,

Anzahlbestimmung und –vergleich durch Abzählen,

Förderung der Simultanerfassung von Anzahldarstellungen (27),

Festigung der Kenntnis der Zahlzeichen 1 – 6 .

<u>Spielform</u>:

Einzeln oder in kleinen Gruppen.

<u>Material</u>:

Grundplatten, die einen Clown, eingeteilt in Kopf, Kragen, Bauch, Hose, rechter Schuh und linker Schuh, darstellen (siehe Kopiervorlagen).

Puzzleteile, die den eingeteilten Clown abdecken (pro Clown sechs Körperteile), und zwar in den Farben rot, blau, grün, gelb, weiß und schwarz. Diese Teile sind zusätzlich (zu den Farben) gekennzeichnet durch Punkte (1 – 6 Punkte) oder durch die Ziffern 1 – 6 .

Farb-, Punkt- oder Ziffernwürfel.

Spielablauf:

Durch Erwürfeln der Puzzle-Teile setzen die Kinder einen oder mehrere Clowns zusammen.

Je nach Lernziel sind folgende Varianten möglich:

- Mit dem Farbwürfel werden die verschiedenfarbigen Teile erwürfelt.

- Die Puzzle-Teile werden mit Hilfe des Augenwürfels bestimmt.

- Bei gleichzeitiger Verwendung des Farb- und des Augenwürfels (nach Absprache auch des Ziffernwürfels) werden nun zwei Merkmale bestimmend für die zu wählenden Puzzle-Teile.

Das Clownspiel haben wir in den ersten Wochen des Schuljahres eingesetzt. Der lachende Clown gefiel den Kindern, die Spielidee - Zusammensetzen der Würfel - war auch ohne Erklärungen leicht zu verstehen. So eignete sich das Spiel sehr gut dazu, die Kinder mit selbständigen Arbeiten vertraut zu machen.

Von allein begannen die Kinder, von der Anzahl- zur Ziffernspielweise überzugehen und gaben damit der Lehrerin das Signal, Zahlen systematisch zu erarbeiten.

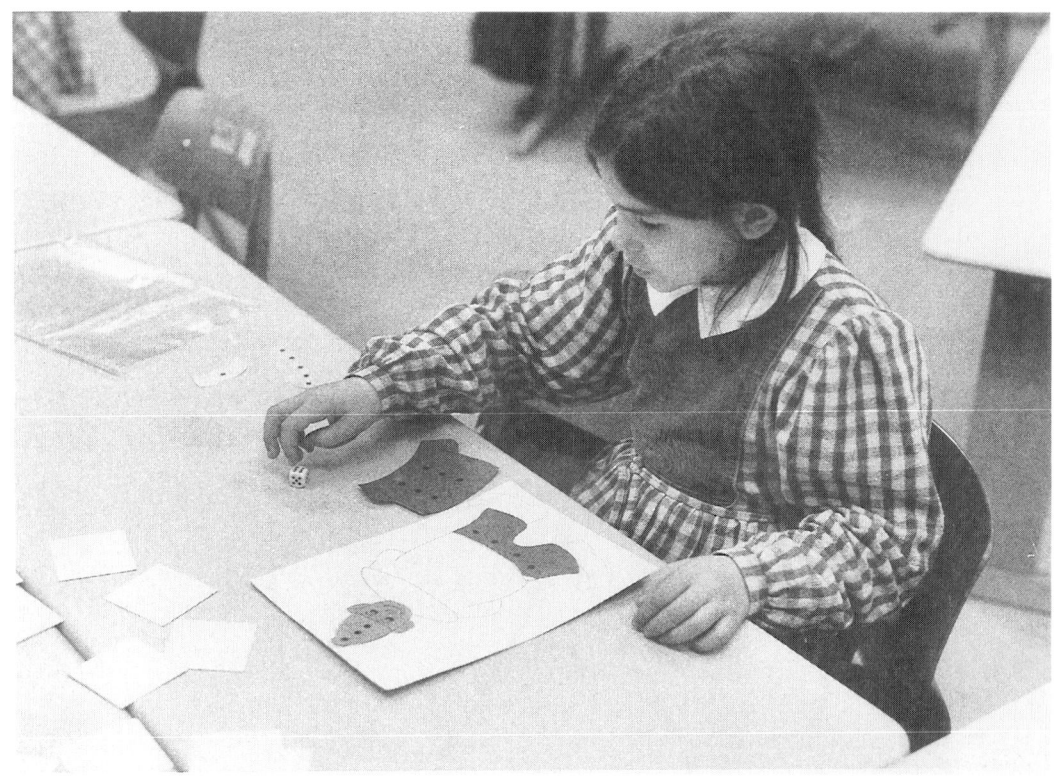

Würfelpyramide

Ziel:

Aufbau von Mengen,

Mächtigkeitsvergleich,

Anzahlbestimmung und –vergleich.

Spielform:

Einzeln oder mehrere Kinder.

Material:

Grundplatten im Dreiecksformat. Auf jeder Grundplatte sind Mengen (Felder–Reihen) mit den Mächtigkeiten 1 bis 6 vorgegeben. Die Form des Dreiecks legt nahe, an der Basis des Dreiecks die Menge mit der höchsten Mächtigkeit(6) zu bilden, an der Spitze des Dreiecks die mit der kleinsten(1).

Abdecksteine (z.B. Steckwürfel, verschiedenfarbig).

Augenwürfel.

Spielablauf:

Jeder Spieler erhält eine Grundplatte. Es wird reihum gewürfelt. Der erwürfelten Augenzahl entsprechend wird eine Menge gleicher Mächtigkeit aufgebaut, d.h. die Felder einer Reihe werden mit der entsprechenden Anzahl von Spielsteinen belegt. Ist die erwürfelte Reihe bereits abgedeckt, setzt der Spieler aus, und der Nächste würfelt weiter. Gewonnen hat, wer zuerst alle Reihen mit Spielsteinen besetzt hat.

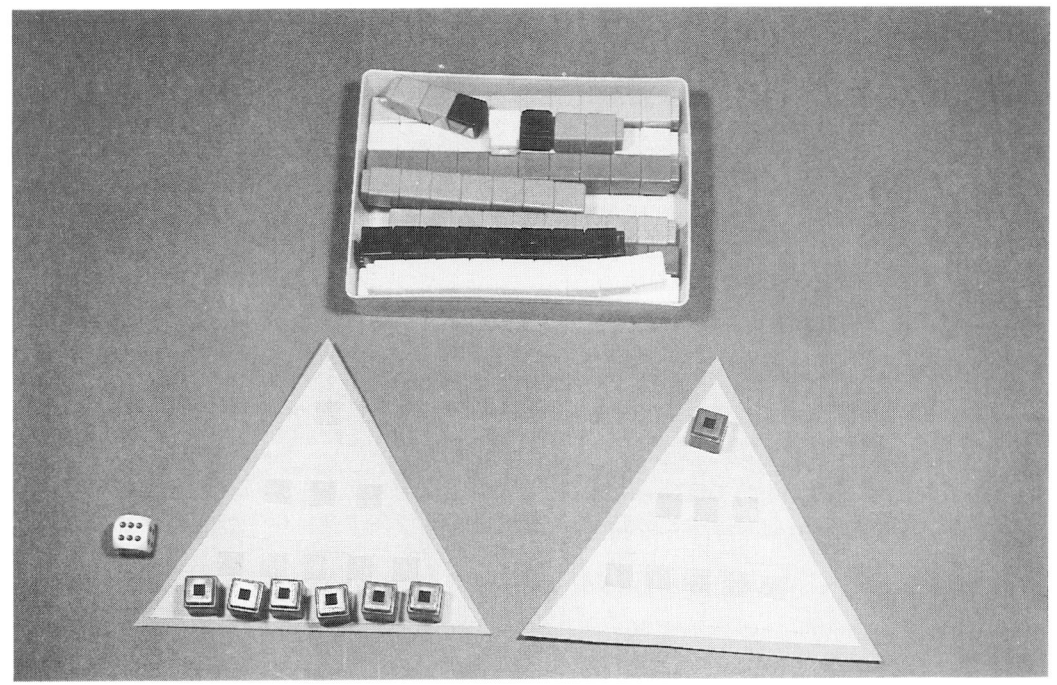

<u>Variationen</u>:

● Stellt man den Kindern als Abdecksteine farbige Steckwürfel zur Verfügung, läßt sich häufig beobachten, daß sie für jede Reihe eine

Verfügung, läßt sich häufig beobachten, daß sie für jede Reihe eine andere Farbe wählen.

● Das Abzählen sollten die Kinder üben, wenn sie die Steine für die Mengen "4", "5", und "6" suchen.

● Spielen die Kinder anstelle eines Augen- mit einem Ziffern-Würfel, lernen sie auch, Zahlensymbole mit entsprechenden Anzahlen zu verbinden.

Methodische Überlegungen

Am Beispiel der Würfelpyramide soll hier die Dreifach-Zuordnung näher erläutert werden.

Ein Spielsystem besteht aus den oben genannten Teilen: Würfel, Grundplatte, Abdecksteinen, weiter gegliedert aus: den sechs Punktdiagrammen des Würfels, den sechs Felder-Reihen der Grundplatte und den Teilmengen der Abdecksteine. Zwischen diesen soll jeweils die Relation der Gleichmächtigkeit hergestellt werden.

Beispiel:

Anzahl der Punkte im Punktediagramm	=	Anzahl der Abdecksteine in einer Teilmenge	=	Anzahl der Felder in einer Reihe der Grundplatte

Bohnenspiele

<u>Ziel</u>:

Mit diesem Spiel üben die Kinder Abzählen, Vergleichen, Zuordnen und Simultanerfassen von Mengenmächtigkeiten (Anzahlen). Weiter erfassen sie die Dreifachbeziehung zwischen Würfelbild, Anzahl der Bohnen und Spielfeld zumindest intuitiv.

<u>Spielform</u>:

Zwei bis vier Kinder.

<u>Material</u>:

Ein Spielplan pro Kind (Tonpapier, farbige Klebepunkte).

21 Bohnen pro Kind zum Belegen des 6-Felder-Spielplanes; zum Belegen des 12-Felder Spielplanes werden pro Kind 42 Bohnen benötigt; am günstigsten ist es jedoch, einfach einen Behälter voller Bohnen als "Spielsteine" bereitzuhalten.(28)

Augenwürfel, später Ziffernwürfel.

Die Spielpläne weisen <u>Variationen</u> auf:

Am einfachsten für die Kinder ist die Punktverteilung auf den Feldern entsprechend dem Würfelschema (einfaches Wiedererkennen) in der Rangfolge 1 - 6.

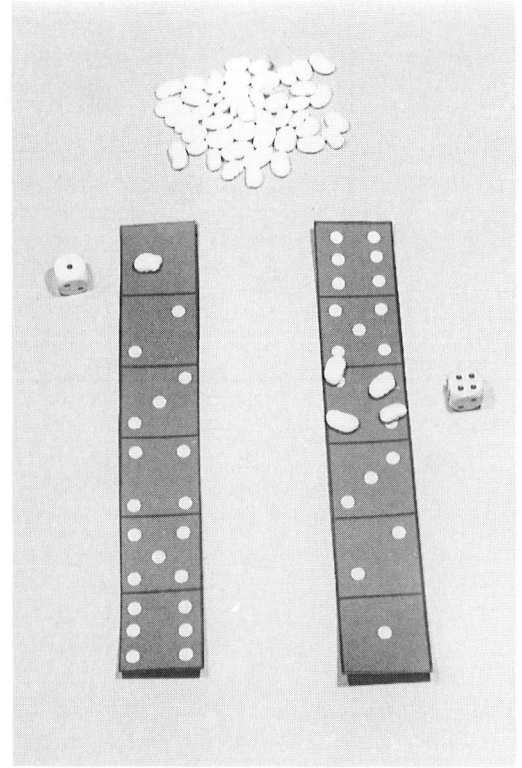
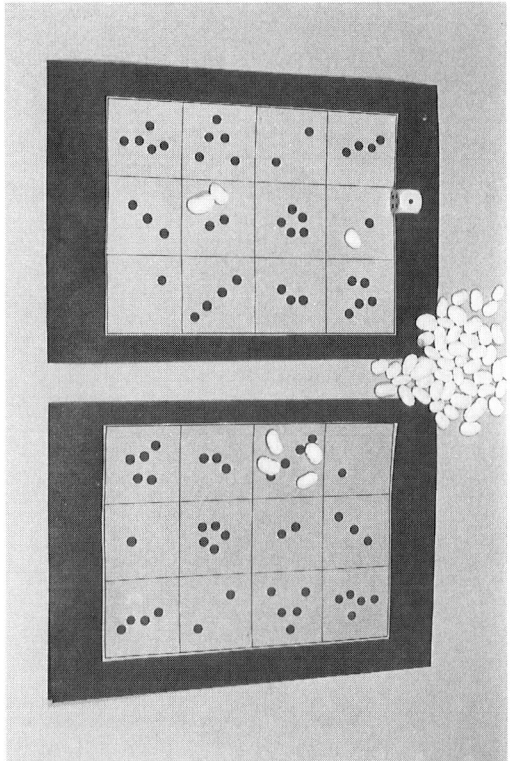

Geordnete Verteilung der Punkte *Ungeordnete Verteilung der Punkte*

Die ungeordnete Aufteilung der Punkte auf dem 12-Felder-Plan (siehe Abbildung) fordert erneut zum Abzählen heraus und/oder zur Simultan-erfassung ungeordneter Mengen (siehe auch Varianten eins und zwei).

Es wird reihum gewürfelt. Der erwürfelten Augenzahl entsprechend werden die jeweiligen Felder mit Bohnen belegt. Ist bei den folgenden Würfelrunden ein Feld bereits besetzt, würfelt das nächste Kind. Gewonnen hat, wer seine Felder zuerst richtig belegt hat.

Variante eins:

Nach Einführung der Zahlen kann das Spiel mit Ziffernwürfeln gespielt werden.

Variante zwei:

Statt der Punkte-Felder werden Zahlenfelder als Spielgrundlage vorgegeben; gespielt wird mit Augen- oder Ziffernwürfeln.

Die Bohnenspiele haben den Kindern von Anfang an großen Spaß gemacht. Sie kannten die einfachen Spielpläne schon oder begriffen sie schnell. Die Kinder hatten viel Spaß daran, aus der Anzahl der Bohnen das vorgesehene Spielfeld zu suchen. Spannend wurde das Spiel durch die Chance zu gewinnen.

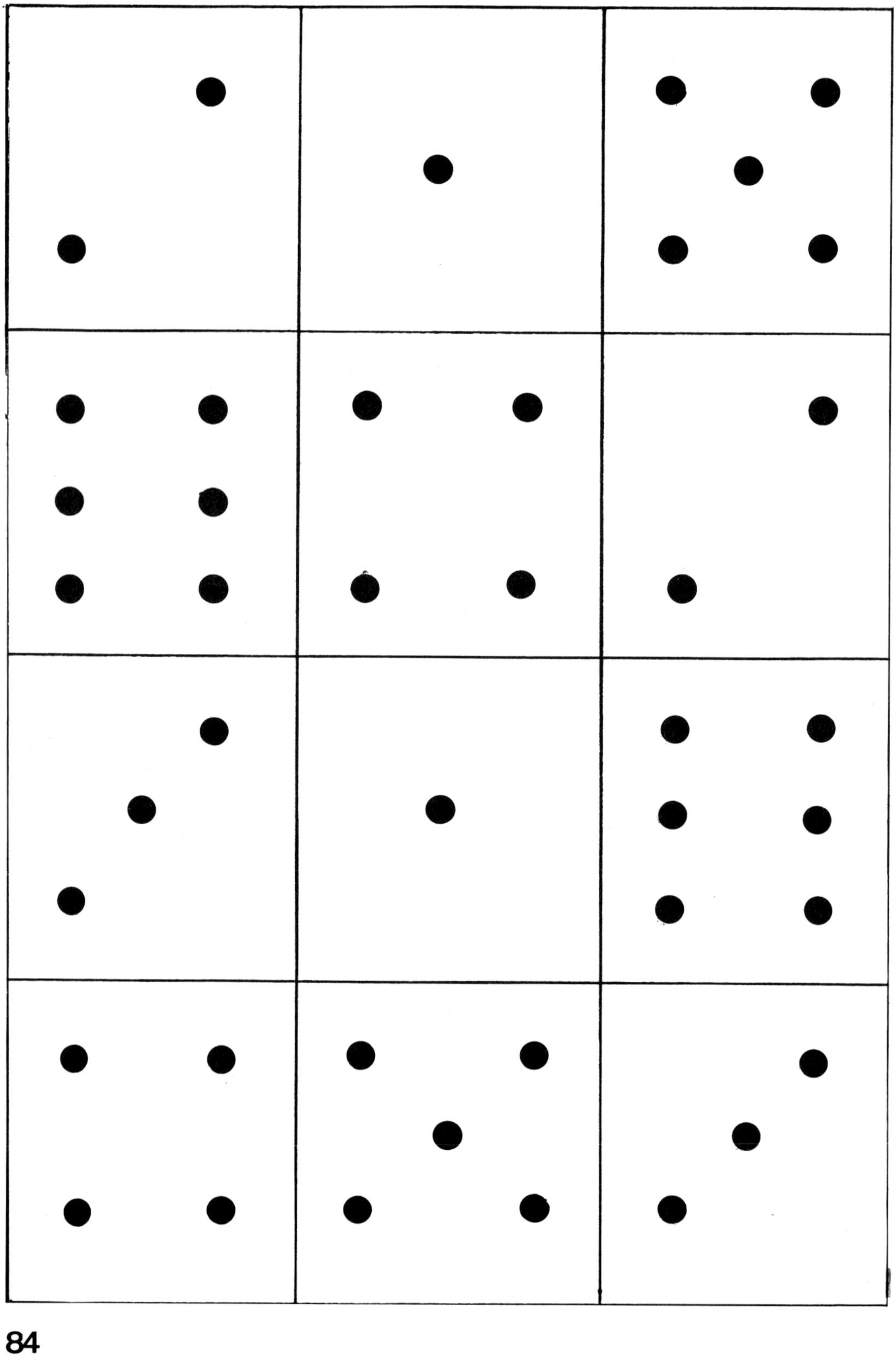

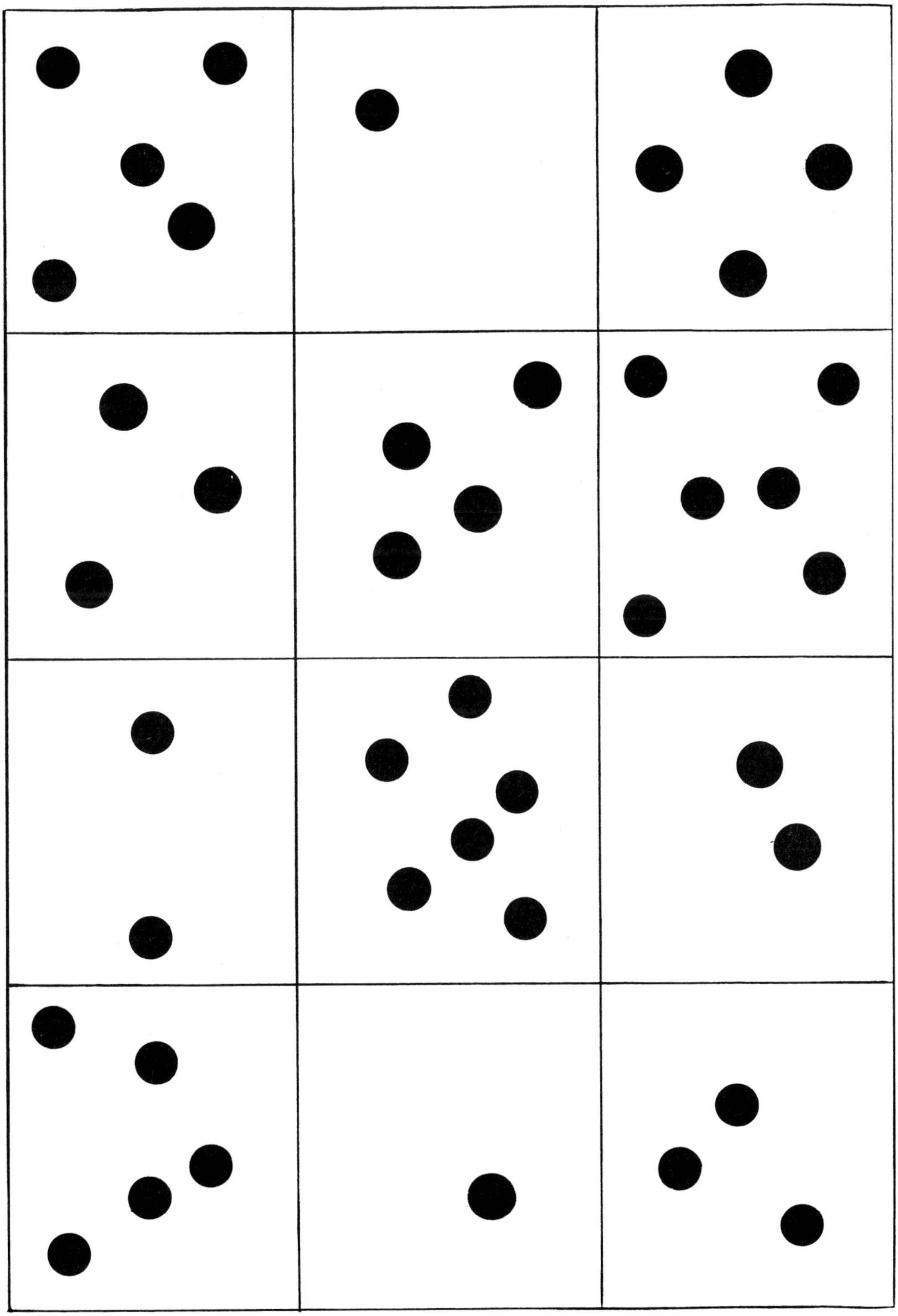

Schnipp–Schnapp

Ziel:

Übung von Kardinalzahlen bis 6. Förderung des Abzählens, Hinführung zur Simultanerfassung, Erkennen gleicher Mächtigkeit/gleicher Anzahlen.

Variation "Bilder stechen": Übung des Kardinalaspektes sowie des Ordinalaspektes.

Spielform:

Zwei Spieler.

Material:

Ein Quartettspiel, bestehend aus Mengenbildern, läßt sich in vielfältiger Weise für Spiele zur Unterstützung der Zahleinführung verwenden. Jede Kardinalzahl ist hierbei durch mehrere verschiedene Mengenkärtchen repräsentiert. Spielkarten hierzu lassen sich auf einfache Art und Weise mit "Blankospielkarten" und "gummierten figürlichen Klebeformen" (29) herstellen.
Es können auch die sogenannten "Mengenkärtchen" verwendet werden, in denen " jede Karte eine ganz bestimmte (An)Zahl vertritt".(30)

Spielverlauf:

Die Karten des Quartetts werden gemischt, gleichmäßig und verdeckt zwischen den Schülern verteilt. Die Schüler können die Karten in der Hand halten oder vor sich auf den Tisch ablegen. Abwechselnd (später zunehmend gleichzeitig) decken die Spieler immer eine ihrer Karten auf.

Erkennt einer der beiden Spieler, daß er und sein Mitspieler die gleiche Anzahl aufgedeckt haben, ruft er laut "Schnapp". Derjenige, der zuerst Schnapp gesagt hat, darf alle bisher aufgedeckten Karten wieder verdeckt unter seinen Kartenvorrat schieben.

Das Spiel ist beendet, wenn ein Mitspieler keine Karten mehr hat, oder wenn eine Spielzeit vereinbart wurde (z.B. zweimaliges Durchlaufen einer Sanduhr). Der die meisten Karten besitzt, hat gewonnen.

Spielvariation: *Bilderstechen (2 - 4 Mitspieler).*

Die Quartettkarten werden gemischt, gleichmäßig verteilt und verdeckt vor den Spielern abgelegt oder in der Hand gehalten. Übrigbleibende Karten scheiden aus. Reihum decken die Mitspielenden jeweils eine Mengenkarte auf. Die höchste Karte "sticht" (Variation: die niedrigste Karte "sticht"), der betreffende Spieler erhält die Karten der Runde und schiebt sie verdeckt unter seine Karten. Gibt es keine höchste Zahl (weil zweimal die gleiche Anzahl auf verschiedenen Karten auftritt), dann gilt die Runde als unentschieden, und die Karten bleiben liegen, bis in der nächsten, übernächsten,... Runde entschieden ist, wer alle abgelegten Karten für sich gewinnen kann. Das Spiel endet wie das "Schnipp-Schnapp". (31)

Lottospiel

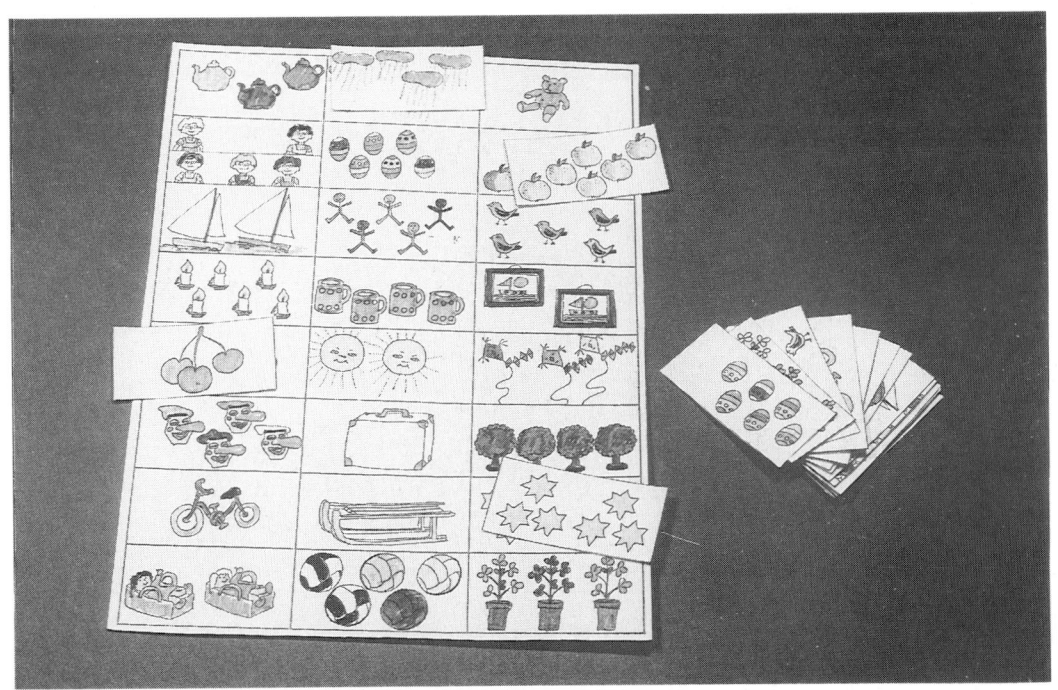

Einfaches Lottospiel.

Ziel:

Anzahlvergleich; Zuordnung von Zahlzeichen zu Anzahldarstellungen (1 bis 6). Einführung der Zahlzeichen wird vorausgesetzt.

Spielform:

Einzeln oder bis zu vier Kinder.

Material:

Benötigt werden zwei Exemplare eines Spielplans und ein Augenwürfel. (32)
Die Bilder der Spielpläne sollten coloriert werden. Aus dem einen Spielplan werden Lottospielkarten hergestellt, der andere Spielplan dient als "Grundplatte".

Nach Einführung der Zahlzeichen können statt der Bildkärtchen (Mengenkärtchen) entsprechende Ziffernkarten verwendet werden.(33)

Spielablauf:

Im einfachsten Spielverlauf wird die Grundplatte mit den Spielkarten belegt. Diese Spielform entspricht dem einfachen Lottospiel. Sie kann folgendermaßen erweitert werden:

Die Spielkarten werden gleichmäßig verteilt. Anschließend wird reihum gewürfelt. Jedes Kind sucht zur gewürfelten Augenzahl aus seinen Spielkarten eine heraus, auf der Gegenstände in entsprechender Anzahl abgebildet sind, später die entsprechende Ziffernkarte, und legt sie auf das vorgesehene Feld auf dem Spielplan. Bei Verwendung der Ziffernkarten kann unter mehreren Ablagefeldern gewählt werden.

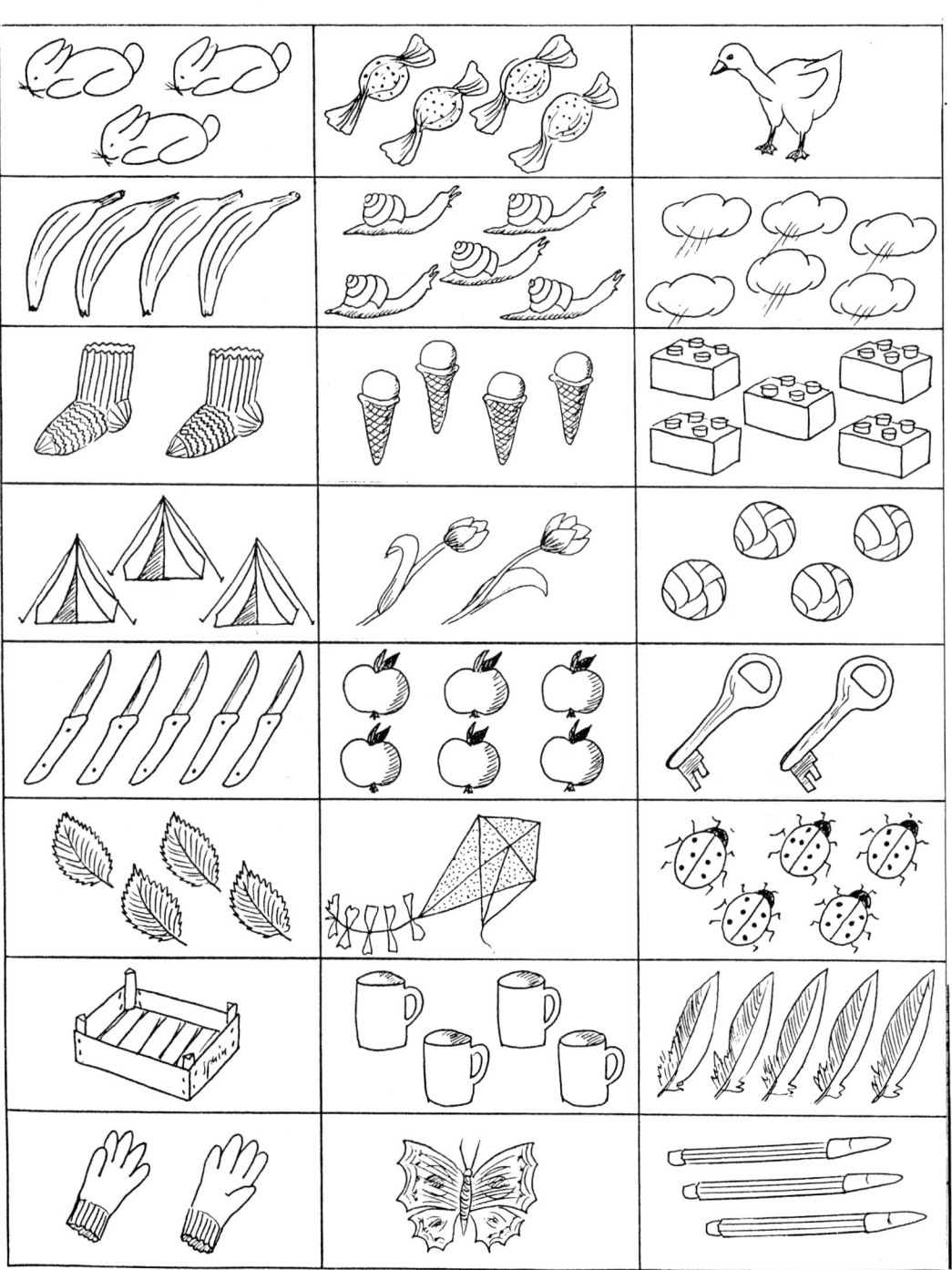

Kopiervorlage zum Lottospiel

Vor allem während der ersten Wochen geschah es immer wieder, daß sich Kinder allein mit dem Spiel beschäftigten und Bilder zuordneten. Dabei boten sich Möglichkeiten zu Sprachübungen mit den Kindern.

Variation:

Der Spielplan setzt sich aus **Ziffern**feldern zusammen, denen entsprechende Mengenkarten zugeordnet werden:

- ohne Würfel, durch einfaches Ziehen einer Karte,
- mit Augen- **oder** Ziffernwürfel; dabei wird durch die erwürfelte Zahl vorgegeben, welche Mengenkarte zugeordnet werden soll.

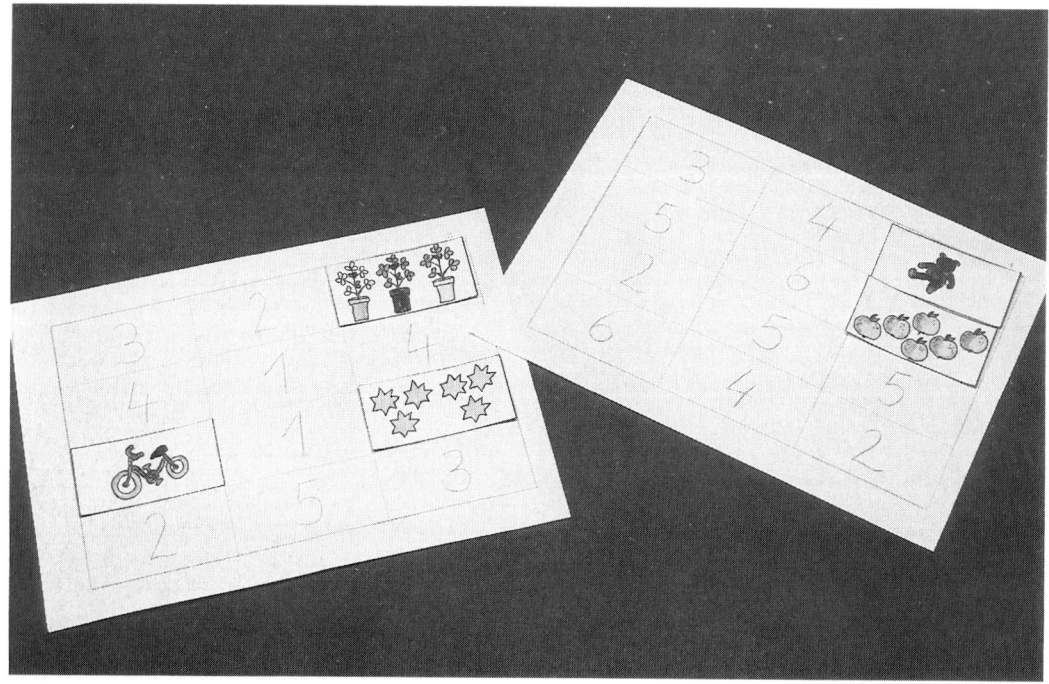

Dominospiele

Tavla und Domino

In weiten Teilen der Türkei ist das Dominospiel eine beliebte Beschäftigung.

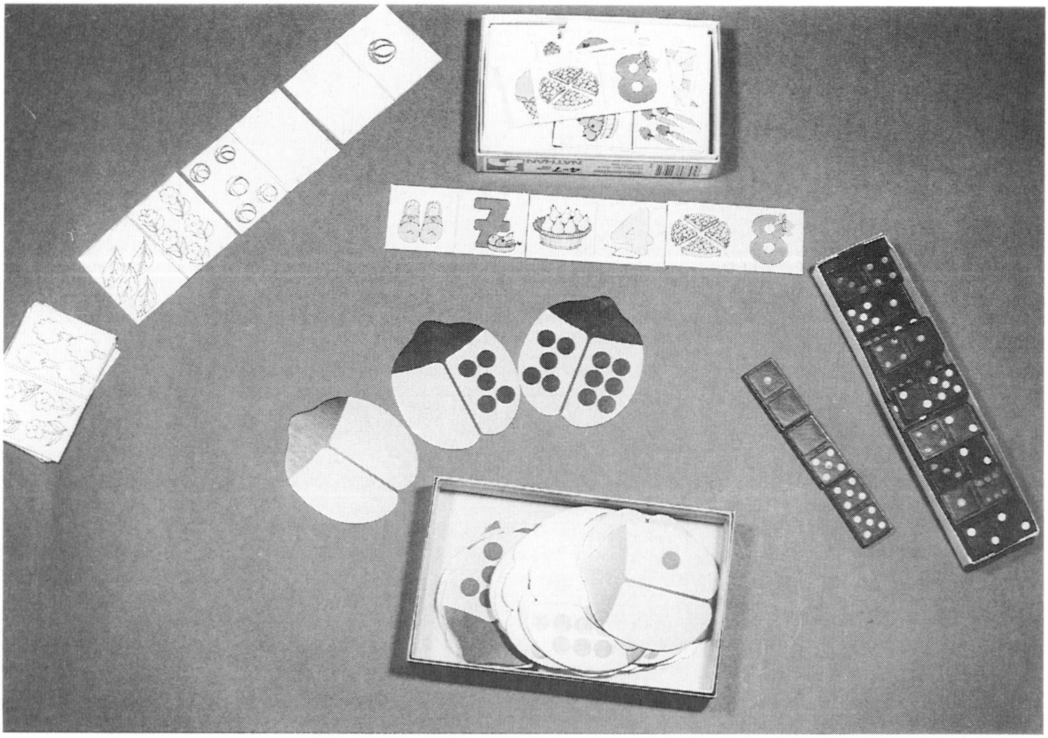

Die Bezugsquellen der abgebildeten Dominos können der Bestelliste entnommen werden.

Mensch–ärgere–dich–nicht

Das abgebildete "Mensch-ärgere-dich-nicht" wurde selbst angefertigt. Es hat die Maße 50 x 50 cm; die entsprechend größeren Spielfiguren gibt es in Naturholz in Bastel-Hobby-Geschäften.

Spiele jeder Art lassen sich im übrigen im Werkunterricht der 5./6. Klassen für die Erstkläßler herstellen.

Viele Gesellschaftsspiele, die im Handel erhältlich sind, lassen sich sinnvoll in den Klassenvormittag integrieren. Im abgebildeten Spiel üben die Kinder mit viel Spaß das Weiterzählen.

Strategiespiele

Hüpfspiel - Nimm weg.

Der Einsatz von Strategiespielen ist schon in der ersten Klasse sinnvoll. Sie fordern und fördern kognitive Fähigkeiten wie vorausschau-
endes und schlußfolgerndes Denken, Analysieren, Kombinieren und Erkennen von Strukturen.(34)

Strategiespiele fordern Schüler heraus, Lösungen auf unterschiedlichen
Anspruchsniveaus zu finden (vom einfachen Erkennen, Akzeptieren,
Anwenden der Regeln bis hin zum Entdecken der mathematischen Struk-
tur eines Spiels).

Zu solchen Strategiespielen gehören z.B. die beliebten Spiele Mühle,
Dame, Halma, auch Schach und tavla (oder back gammon). Wir haben
zu Beginn der ersten Klasse zwei weitere Spiele eingesetzt, die wenig
Materialaufwand erfordern, nicht viel Spielzeit in Anspruch nehmen,
aber durch Wettkampfcharakter motivieren. Ein großer Teil der Kinder
hat sie eine Zeitlang begeistert gespielt. Es sind:

Das Hüpfspiel

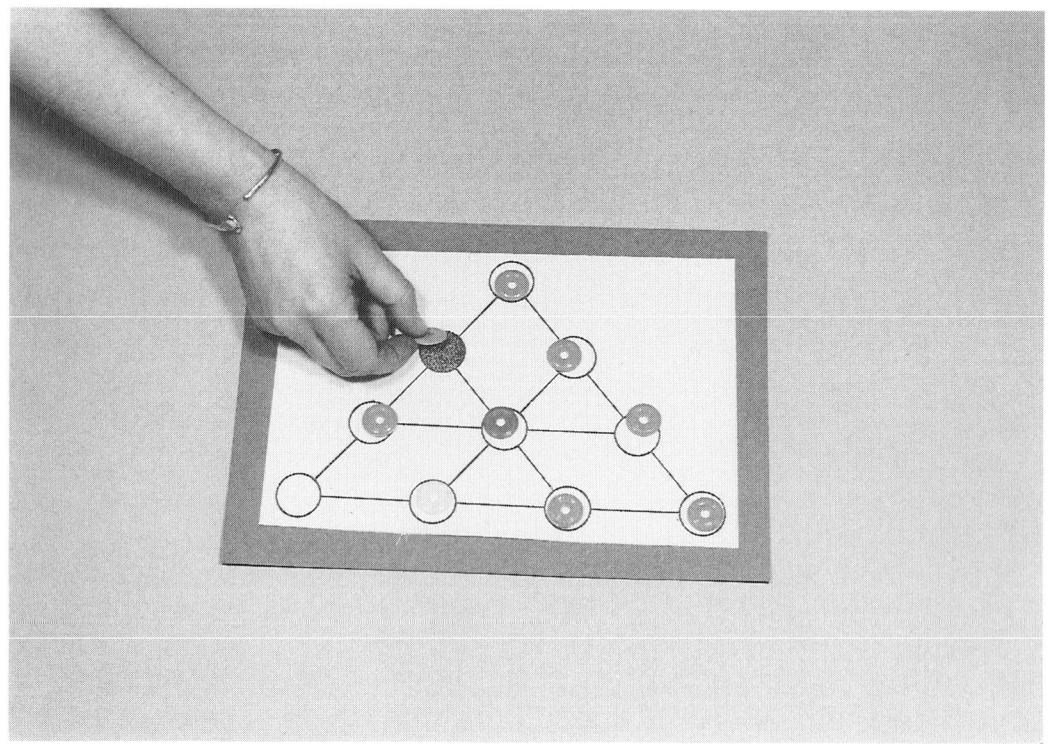

Material:
Spielplan; neun Spielsteine (z.B. von Mühle, Dame) einer Farbe.

Spielform:

Partnerspiel.

Spielablauf:

Die Spielsteine werden auf die weißen Felder gelegt. Das schwarze Feld
bleibt frei. Die Kinder überspringen – wie bei Halma – abwechselnd
mit einem Stein einen anderen, wenn das Feld hinter diesem frei ist,
und nehmen den übersprungenen Stein weg. Es darf nur geradeaus, den
Linien entlang, gehüpft und bei jedem Zug nur ein Stein übersprungen
werden. (Strategisches) Ziel ist es, so zu springen, daß der Mitspieler nicht mehr springen kann.

"Nimm weg"

Material:

Ein Spielplan, zehn Setzsteine (Muggelsteine o. dgl., Bohnen)

Spielform:

Partnerspiel.

Spielablauf:

Die Kinder nehmen abwechselnd je Zug entweder einen oder zwei Spielsteine weg. Wer den letzten Stein nehmen muß, verliert. Dieses Spiel
kann auch später in seiner bekannteren Form gespielt werden: ohne
Plan, mit Streichhölzern (bis zu 2o Stück).

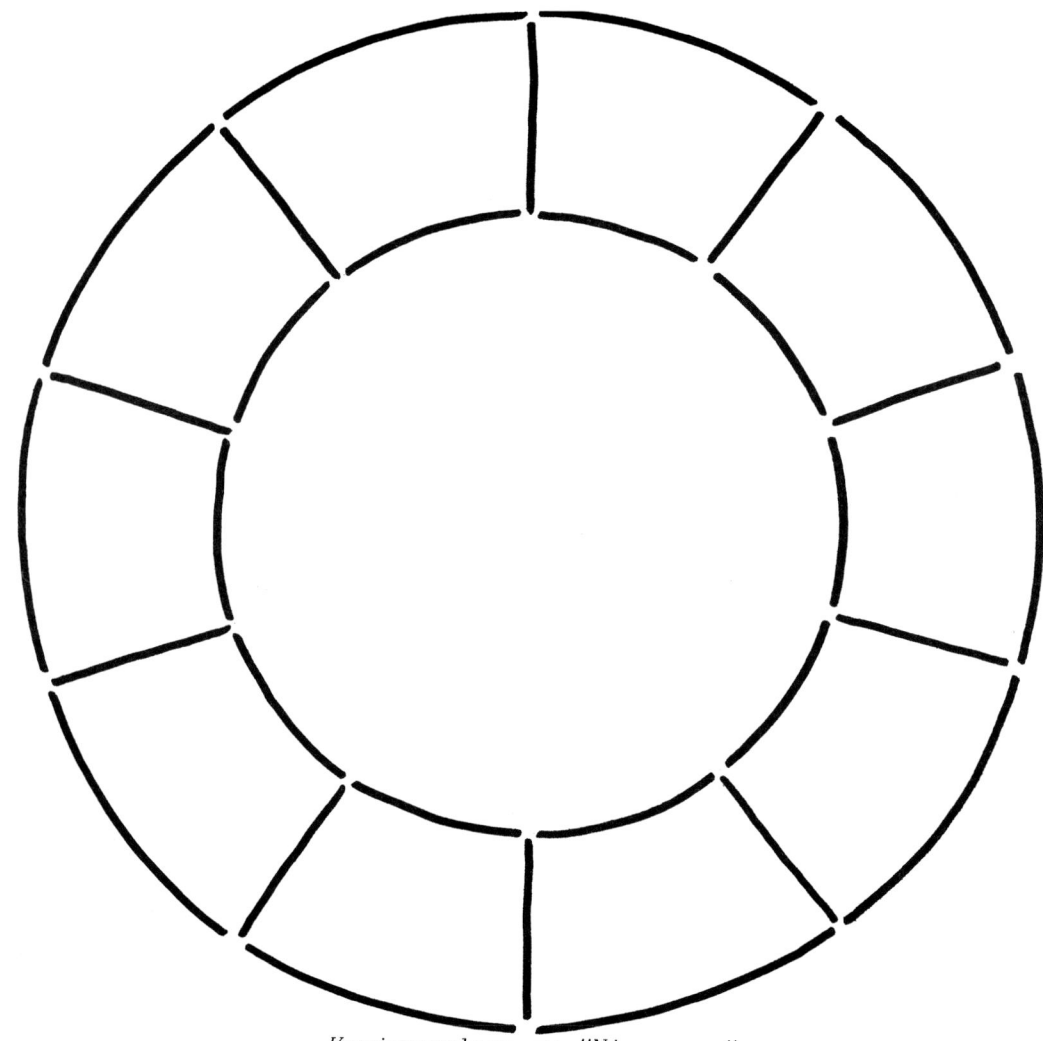

Kopiervorlage zu "Nimm weg".

Erarbeitung der Zahlen 0–10

"Spiel" mit Klarsichthüllen - Becherspiel - Bierdeckelspiel - Büroklammerspiel - Sortierspiel - Zehnertreppe - Steckwürfel-Zahlentreppe - Tastziffernspiel - Zahlen(schiebe)spiel - Zahldarstellungen - Ziffernvorlage zum Kopieren.

Fast alle Schulanfänger kennen die Zahlwortreihe bis zwanzig, sie können die Anzahl der Elemente einer Menge (bis 10) angeben bzw. entsprechende Mengen zu einer gegebenen Zahl bilden.(35)

Die von uns unterrichteten türkischen Kinder konnten in ihrer Muttersprache nur teilweise wie beschrieben mit Zahlen umgehen, noch weniger im Deutschen. Auch deutsche Lernanfänger in Kreuzberg hatten beim Zählen bis 2o Schwierigkeiten.

(Vorschul-)Kinder haben im allgemeinen das Bedürfnis, die zu zählenden Elemente zu berühren, zu handhaben (in der Hand zu haben) oder zu zeigen. Erst allmählich

mit zunehmendem Alter werden die Schwierigkeiten bei der zeitlichen Übereinstimmung zwischen dem "Zeigen" und dem "Aufsagen" eines Zahlwortes bzw. bei der räumlichen Übereinstimmung zwischen dem "Zeigen" und dem "Gegenstand" überwunden. Korrektes Zählen erfordert eine dreidimensionale Eins-zu-Eins-Zuordnung zwischen einem Zahlwort (der Zählzahl), einem Element und dem Zeigen.(36)

In den nachstehenden Spielen sollen die Schüler den Zahlzeichen entsprechende Mengenmächtigkeiten aufbauen, d.h., den Zahlzeichen Anzahlen unterschiedlichster Materialien (Strohhalme, Büroklammern usw.) zuordnen. Sie sind für die Einzelarbeit gedacht, wurden aber in der Praxis auch von zwei oder drei Kindern gemeinsam benutzt. Sie haben keinen Wettbewerbscharakter und enthalten keine Lösungskontrollen.

Die Gestaltung, der Aufbau sowie die hier vorgestellte Reihenfolge der Spiele - nicht nur im Zahl-Mengen-Bereich - folgen den Überlegungen einer geistigen Entwicklung vom Konkreten - z.B. Einsatz des Büroklammerspiels - zum Abstrakten - z.B. Einsatz des Kartenspiels.

Spiel mit Klarsichthüllen

Ziel:

Spielerische Übung der Bildung von Klassen gleichmächtiger Mengen.

Zahlen über Klassen gleichmächtiger Mengen gewinnen (Klarsichthüllen repräsentieren dabei das Ordnungsschema: die Klasse).

Spielform:

Ein bis vier (oder auch mehr) Mitspieler.

Material:

- Sieben Klarsichthüllen, versehen mit
- Kärtchen mit Punktmengen (leere Menge bis 6) bzw. später mit
- Kardinalzahlen ("0" bis "6").

- Büroklammern

- Kartensätze (etwa 21 Kärtchen)
- mit abgebildeten Real-Mengen (z.B. Tierbildern)
- mit Punkt-/ Strichmengen,
- mit Zahl-Zeichen,

- großer Würfel (aus Schaumstoff).

Spielablauf (verschiedene Varianten):

Die Klarsichthüllen werden an die (Seiten-)Tafel geheftet.

Jedes Kind nimmt sich ca. 2o Büroklammern. Ein Kind würfelt, z.B. die Augenzahl 2; das Kind neben ihm nimmt aus seinem Bestand zwei Büroklammern, kettet sie aneinander und steckt sie in die entsprechende Klarsichthülle.

Statt Büroklammern erhält jedes Kind die gleiche Anzahl Karten mit Tierbildern (oder Punktmengen oder Zahl-Zeichen) und tütet die jeweils erwürfelte "Mengenkarte" ein.

Eine 3 ist erwürfelt ... Yasemin steckt Ziffern und Bildkarte in die richtige Tüte.

Am interessantesten ist die folgende Variante: Die Kinder suchen sich ihr Spielmaterial selbst aus den oben aufgeführten Angeboten aus (Büroklammern und/oder Karten aus den verschiedenen Kartensätzen) und tüten der Augenzahl des Würfels entsprechend in die jeweiligen Hüllen ein.

98

Die Kinder haben gern und oft gespielt – besonders die letzte Spielvariante. Sie konnten sich dabei bewegen, miteinander reden, sich helfen, sich beobachten.

Ihr Interesse war nicht: Wer kann am schnellsten zählen, oder wer kennt schon die Zahlen? Büroklammern abzählen und einwerfen oder eine Ziffernkarte heraussuchen, hatte für die Kinder denselben Wert; der äußere Handlungsablauf war für alle gleich. Ihr Interesse war, **richtig** einzuordnen. Und das wurde während des Spiels gut überwacht. Es gab sogar Kinder, die zum Schluß alle Klarsichthüllen leerten und noch einmal verglichen, ob auch wirklich alle Karten richtig eingetütet worden waren.

Es hat sich als sinnvoll erwiesen, die (Folge der) natürlichen Zahlen (1 - 10) in sehr verschiedener Weise zu veranschaulichen.

Die nachstehenden vier Lernangebote sollen den Schülern helfen, den Zahlzeichen entsprechende Mengenmächtigkeiten aufzubauen, indem sie Zahlzeichen Anzahlen unterschiedlichster Materialien (Strohhalme, Büroklammern usw.) zuordnen. Sie sind für die Einzelarbeit erstellt worden, wurden aber in der Praxis auch von zwei oder drei Kindern gemeinsam benutzt. Die Spiele bieten keinen Wettbewerb und enthalten keine Lösungskontrollen. (37)

Becherspiel

Dieses Becherspiel wurde in einer Vorklasse gespielt. Hier waren noch statt der Ziffern 1 bis 10 Anzahlen von Punkten auf die Becher geklebt. Die Kinder sollten so viele Strohalme in die Becher stellen, wie durch die Punkte vorgegeben ist.

<u>Material</u>:

- Zehn Becher,
- auf jeden Becher wird eine der Ziffern 1 bis 1o geklebt oder aufgemalt.
- Ein Bündel Strohhalme (mindestens 64 Stück).
- Ein Behälter für die Strohhalme.

Bierdeckelspiel

Material:

- Zehn mit farbigem Papier beklebte und mit Klarsichtfolie überzogene Bierdeckel.

- Jeder Bierdeckel trägt eine der Ziffern 1 bis 10, oder

- jeder Bierdeckel trägt eine Punktemenge entsprechend den Anzahlen 1 bis 10, oder

- jeder Bierdeckel ist zweiseitig "beschriftet"(Ziffern, Punkte).

- Chips, Knöpfe und ähnliches.

- Behälter zum Aufbewahren der Chips und der Bierdeckel.

Büroklammerspiel

Material:

- Zehn Pappkarten.

- Jede Pappkarte wird mit einer der Ziffern von 1 bis 10 versehen und mit Klarsichtfolie überzogen.

- Die Rückseiten der Pappkarten können, wenn die Kinder über Lesefertigkeiten verfügen, auch mit den entsprechenden Zahlwörtern (türkisch/deutsch) versehen werden.

- Büroklammern.
- Ein Behälter zum Aufbewahren der Karten und Büroklammern.

<u>Spielablauf</u>:

An jeder Karte ist eine passende Anzahl Büroklammern zu befestigen.

Wir haben feststellen können, daß Kinder immer wieder fasziniert sind vom "Arbeitsmaterial" Büroklammern.

Sind die Rückseiten der Karten mit Zahlen beschriftet, können Erstkläßler Lesen und Schreiben von Zahlwörtern üben.

Sortierspiel

Spielablauf:
Das Kind soll in die Fächer des Kastens so viele Unterlegscheiben, Schrauben oder dergleichen sortieren, wie auf der Deckelaufschrift angegeben sind.

Material:

- Ein Aufbewahrungskasten für Schrauben mit Deckel.
- Ein Kästchen mit Unterlegscheiben oder Schrauben, Nägeln usw.
- Beschriftung des Deckels mit den Ziffern 0 bis 10.

Spielablauf:

Das Kind soll in die einzelnen Fächer des Kastens der Deckelaufschrift entsprechende Anzahlen von Unterlegscheiben oder Schrauben usw. einsortieren.

Das Spiel ist anders als die vorangegangenen aufgebaut: statt daß jedes Fach des Schraubenaufbewahrungskastens eine Anzahlvorschrift enthält, ist diese auf dem Deckel notiert.

Das Kind kann sich den Deckel unter die Fächereinteilung stellen, erhält dann wieder genaue Anzahlvorschriften, kann aber darauf verzichten, wenn es bereits über Strategien zur Konstruktion der Anzahlvorschriften verfügt.

Die Zehnertreppe (38)

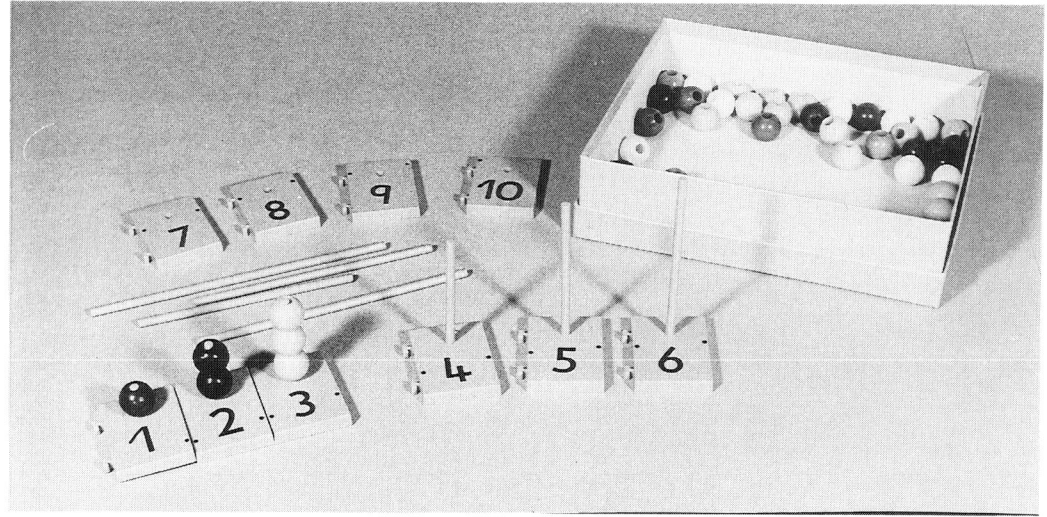

Ziel:

Im Umgang mit der Zehnergruppe werden

- Merkmale von Gegenständen (Farben),
- Mächtigkeitsvergleich,
- Anzahlbestimmung,
- Zuordnung von Menge und Zahl,
- Beziehungen zwischen den Zahlen ("ist größer als", "ist kleiner als"; Vorgänger - Nachfolger) behandelt.

Material:

Das Spielmaterial besteht aus zehn "Plattformen" (1 - 10), die zu einer stabilen Zahlenleiste zusammengesteckt werden können. Jeder Plattform ist ein Zählmast einer bestimmten Größe zugeordnet, der in die Plattform gesteckt und mit einer entsprechenden Anzahl (jeweils gleichfarbiger) Kugel-Perlen bestückt werden kann.

Zum Material gehören zehn verschiedenfarbige Kugel-Perlen: eine schwarze, zwei graue, drei weiße, vier braune, fünf dunkelblaue, sechs hellblaue, sieben grüne, acht gelbe, neun orange, zehn rote.

Verwendung:

Die Kugel-Perlen können auf die Masten gesteckt werden. Vom 1er bis zum 10er Zählmast sind jeweils so viele Perlen einer Farbe vorhanden, wie nötig sind, um ihn zu füllen.

Die Kugel-Perlen können nach Farben geordnet werden, lassen sich zu Mustern legen, stecken oder auffädeln, bieten Anlaß zu Zählübungen beim Sortieren.

In kleinen Gruppen oder mit einzelnen Schülern lassen sich die Begriffe "mehr" und "weniger" an der Treppe festigen. Die Treppe kann auch eingesetzt werden, um Zahlenbeziehungen wie "ist größer als", "ist kleiner als", "Vorgänger - Nachfolger" zu festigen. Besonders die Richtungsanweisung "nach-vor" läßt sich durch Zeigen einprägen.

Regelspiele können mit der Zehnertreppe ebenfalls durchgeführt werden:

Zwei oder drei Kinder erhielten je eine Treppe mit noch abgedeckten Zahlzeichen. Mit Augenwürfeln wurden Anzahlen von Kugeln erwürfelt und auf den entsprechenden Mast gesteckt, nach Absprache in aufsteigender Folge oder untergeordnet. Bei Einführung der Zahlwörter wurden die Ziffern 1 bis 6 aufgedeckt und damit die Zuordnung Punktmenge - Zahlzeichen - Kugelmenge möglich (Dreifachzuordnung).

Bei Erweiterung der Zahlentreppe bis 9 - 10 reicht der klassische Würfel nicht mehr aus. Wir stellten den Kindern darum einen 12-flächigen "Würfel" (Dodekaeder) zur Verfügung. Der von uns eingesetzte Dodekaeder war mit den Ziffern 0 bis 9 versehen. Bei der "Treppenerweiterung" bis 9 wurden z.B. die Ziffern 1 und 2, die je zweimal vorkamen, je einmal überklebt und mit Null beschriftet. "Null" zeigte im Spiel die Regel "noch einmal würfeln" an.

Noch ein halbes Jahr nach Einführung der Zehnertreppe hatte sie ihre Anziehungskraft nicht verloren. Gerne bauten Kinder das Spiel auf, spielten dann aber nicht nach den festgelegten Regeln, sondern ließen die Kugeln durch die Hand gleiten oder ordneten sie nach Farben.

Das Material regte die Kinder sogar dazu an, im Spiel mit der Zehnertreppe Handpuppen zu verwenden. Sie ließen die Handpuppen die Kugeln aufstecken.

Alle haben sich eine Aufgabe gesucht. Darum hat Mustafa die Lehrerin für sich. Beide können gemeinsam mit der Zahlentreppe spielen.

Mustafa hat eine 5 gewürfelt, 5 Kugeln abgezählt und aufgesteckt. Die übrigen legt er zurück in den Kasten.

Steckwürfel – Zahlentreppe

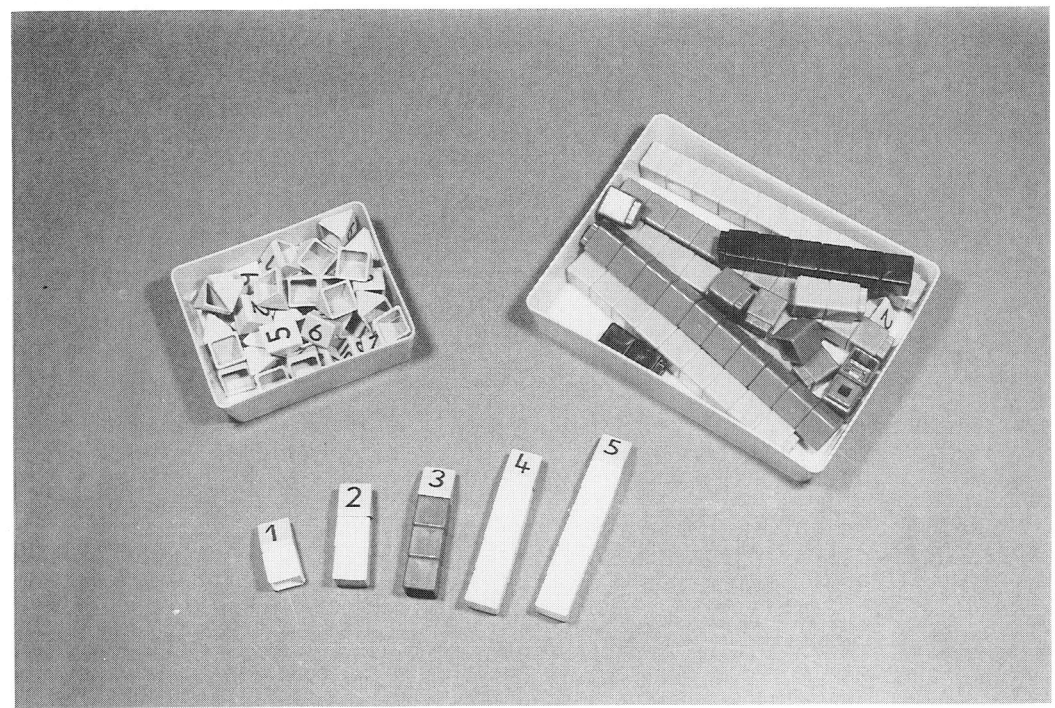

Eine andere Form der Zahlentreppe: aus Steckwürfeln und Zahlenstek-kern.(39)

Tastziffernspiel

Ziel:

Erkennen und Benennen der Zahlzeichen 0 bis 10.

Spielform:

Einzeln, zu mehreren, im Klassenkreis.

Material:

- Sperrholzbrettchen oder dicker Karton (ca. 12 cm x 15 cm).
- Sandpapier, Sisalschnur, Kordstoff ...
- Karton oder (Leinen)Beutel zum Aufbewahren der Tastziffern.

Spielverlauf:

Es wird blind (mit verbundenen Augen oder mit einer Maske vor dem Gesicht) ein Ziffernbrettchen genommen. Durch Abtasten der aufgekleb-ten Ziffer findet das Kind heraus, um welches Zahlzeichen es sich han-delt und benennt es (ggf. zweisprachig).

105

Wir haben die Ziffernbrettchen mit älteren Schülern im Werkunterricht für Schüler der ersten Klasse hergestellt. Die Schüler haben auch Zahlzeichen aus Sperrholz ausgesägt, die sich ebenfalls verwenden lassen wie oben beschrieben.

Zahlen(schiebe)spiel

Im Zahlenschiebespiel wird die Ziffernkenntnis und die Kenntnis der Ordnung zwischen den Zahlen geübt.(40)

Wir stellten den Schülern das Zahlenspiel zur Verfügung, nachdem die meisten die Zeichen 0 bis 6 als Symbole für Mengen kannten und vorwärts wie rückwärts zählen konnten.

Da das Spiel viel kombinatorische Fähigkeiten - auch Geduld und Ausdauer - forderte, erfreute es sich das ganze Schuljahr über großer Beliebtheit; auch die Lehrerinnen und Besucher spielten gerne damit.

Zahldarstellungen (Beispiele)

Die Kinder suchten sich Möglichkeiten, wie sie Zahlen mit verschiedensten Materialien und Hilfsmitteln darstellen konnten.
Die Wandtafel stand jederzeit zur Verfügung.

Im Verlauf des Schuljahres kann die Darstellung immer differenzierter werden.

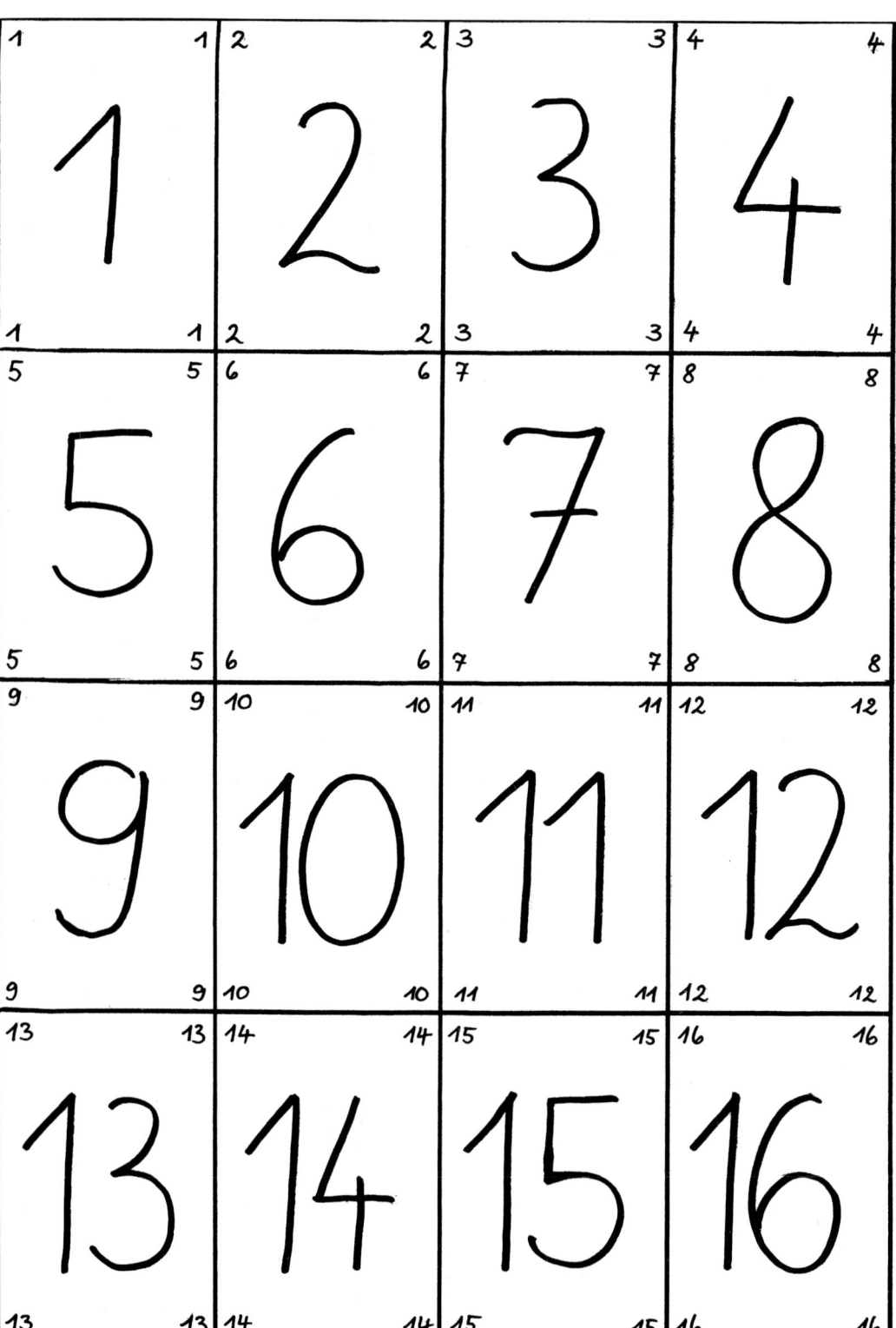

17		18		19		20	
17		**18**		**19**		**20**	
17	17	18	18	19	19	20	20

21	
21	
21	21

			0
		1	2
		3	4
5	6	7	8
9	10	11	12
13	14	15	16
17	18	19	20

Relationen

Relationen: Alltagserfahrungen - Pflege der beziehlichen Auffassung.

Dimensionen des eigenen Körpers erfahren: Handflächen - Handumfang - Füße - Schuhgröße - Körpergröße (Vergleich von Personen, Messen mit Bändern, Notierung, Vergleich der Ergebnisse, die Geschichte von Ayşun).

Große Dinge, kleine Dinge vergleichen - Vergleich von Abbildungen - Zeichen verwenden - Verwendung des Gleichheitszeichens.

Die normale Sprache versteht unter Relation (lat. relatio, deutsch Beziehung) eine Beziehung zwischen zwei oder mehreren Dingen oder Begriffen. Die moderne Mathematik hat diesen sehr allgemeinen Begriff übernommen und benutzt ihn für Beziehungen zwischen den Elementen einer Menge. Sie beschreibt zunächst nur ganz allgemein Eigenschaften von solchen Beziehungen, die freilich in dem Augenblick zu "Rechengesetzen" werden, in dem man den Beziehungen einen Wert zuordnet und sie damit zu Operationen macht. Die einzelnen Bezeichnungen für die Eigenschaften von Relationen entstammen wieder einer reinen Fachsprache (der Mengenlehre), aber damit haben die Schwierigkeiten auch schon ein Ende, denn im Grunde sind sie sehr leicht zu verstehen. Es geht also eigentlich nur darum, diese Bezeichnungen zu erklären.

Am häufigsten treten Beziehungen zwischen je **zwei** Elementen einer Menge auf. Man nennt sie **zweistellig** und schreibt a*R*b, wobei **a** und **b** Elemente von Mengen sind und *R* die Beziehung zwischen ihnen beschreibt.

Beispiele:

1. **a**   ist größer als **b** , die sog. Größerrelation , hat ein eigenes Symbol erhalten: **a**   **b**.

2. **a**   ist gleich   **b**, die Gleichheitsrelation , wurde ebenfalls mit einem eigenen Symbol ausgestattet: **a** = **b**.

3. Alle Aussagen über Dinge oder Begriffe sind Relationen, z.B. Herr Müller "liest" die Zeitung, kurz a*R*b, wobei *R* "liest" bedeutet, denn jede Aussage beschreibt eine Beziehung. (41)

Relationen – Alltagserfahrungen

Als Weiterentwicklung der Mengenvergleiche durch Zuordnung oder Zählen werden im Anfangsunterricht Relationen wie "ist größer als", "ist kleiner als" sowie "gleich" verwendet, um Beziehungen zwischen Gegenständen, zwischen Größen und Zahlen darzustellen. Die Schüler erkennen, daß Objekte und Zahlen miteinander verglichen und nach ihrer Größe in eine Ordnung gebracht werden können.

In den ersten Schulwochen nehmen die Kinder einer ersten Klasse hauptsächlich zueinander Beziehungen auf. Sie fragen, gucken, erwägen, wer neben ihnen sitzen soll, mit wem sie sich anfreunden wollen, mit wem sie spielen können. Dieses "Beziehen" wollten wir bewußter machen und zugleich an ihm mathematische Größenvergleiche transparent machen. "Hamza ist größer als Ahmet - Ayşun ist kleiner als Hamza."

Pflege der beziehlichen Auffassung ...

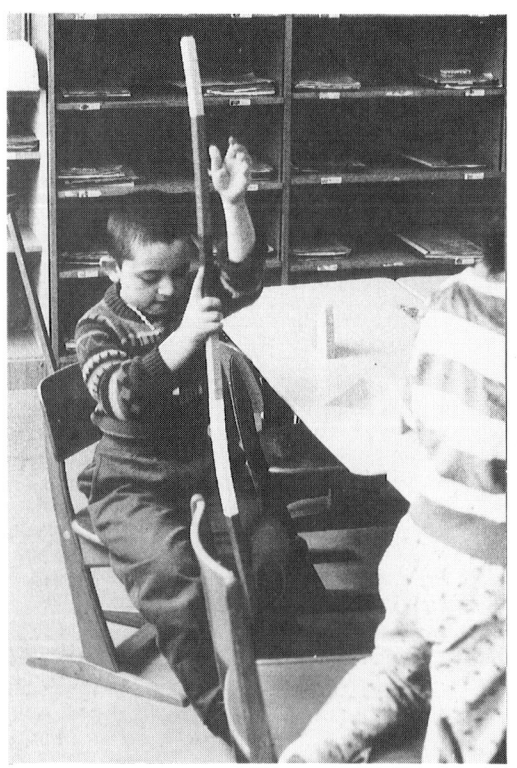

Bei der Pflege der beziehlichen Auffassungs- und Denkweisen, insbeson- dere der stimmig-ganzheitlichen Auffassungen *handelt es sich um fol- gendes:*

Das Vergleichen *muß von Anfang an geübt werden: gleich, ungleich, verschieden, gleich groß, gleicher Abstand, gleiche Richtung, gleich lang, gleich schwer, leicht, dick, dünn, hart, weich, laut, leise, hell, dunkel. Steigerungsformen dazu!*

Das schätzende Vergleichen *auf viel, viele, sehr viele, wenig, weni- ge, sehr wenige, mehr, weniger, am meisten, am wenigsten, gleich viel.*

Das Zuordnen *muß ebenfalls von Anfang an geübt werden: gliedweises Zuordnen beim Herstellen von Reihen; das Zuordnen von Reihen zu Rei- hen.*

Das Herstellen von Entsprechungen, *das eine wird länger, das andere wird kürzer; das eine wächst, das andere wird kleiner; das eine wird mehr, das andere wird weniger; das eine wächst, das andere wächst auch; das eine wird kleiner, das andere wird auch kleiner usw. (42)*

Dimensionen des eigenen Körpers erfahren

Handflächen

Der eigene Körper hat Dimensionen und man kann diese Dimensionen dazu benutzen, sich auf andere und auf Dinge zu beziehen:
größer als, kleiner als, tiefer als, rechts von, links von, vor, hinter, über ...

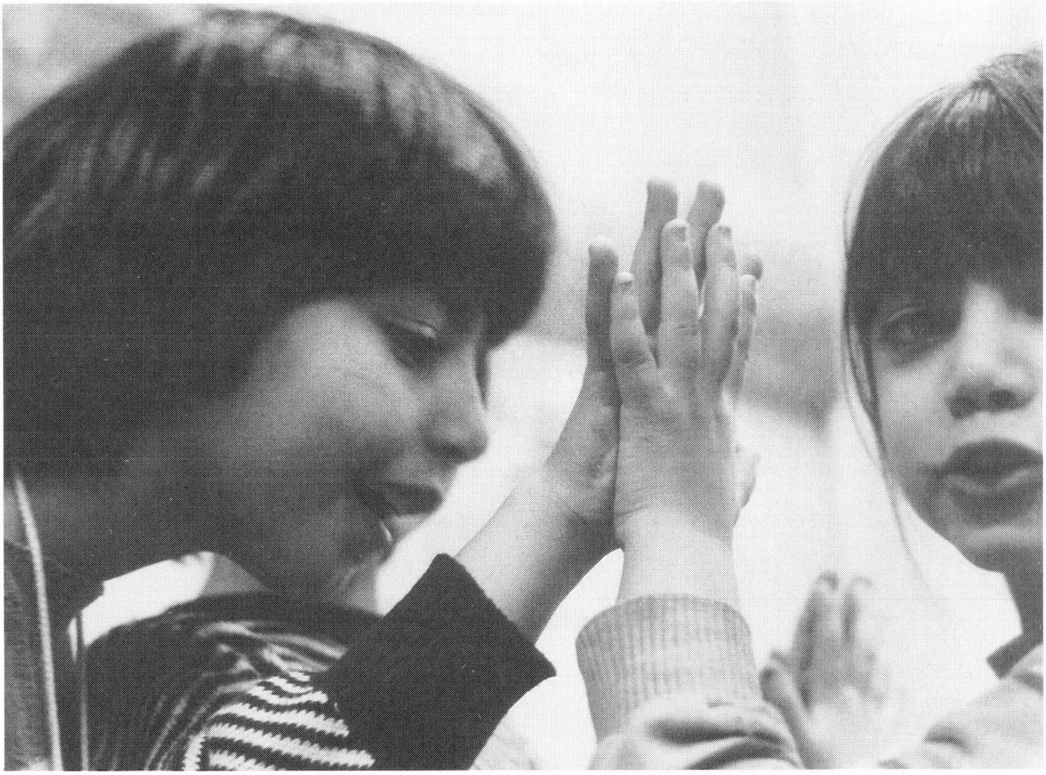

Ob klein, ob groß – ein schönes Gefühl.

Reicht das Band ...

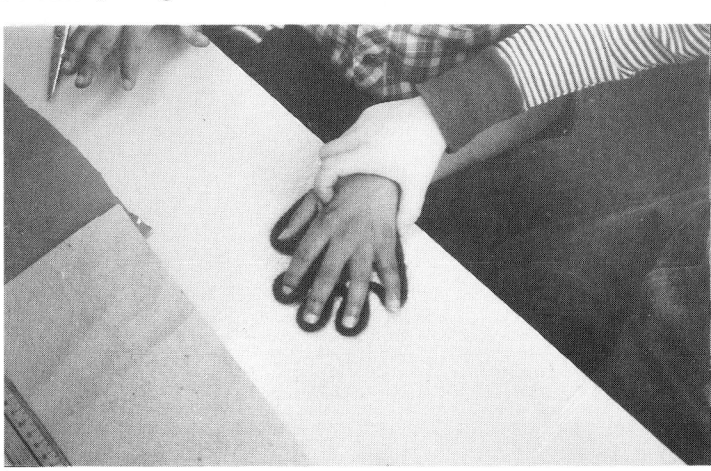

... die ganze Hand zu umlegen?

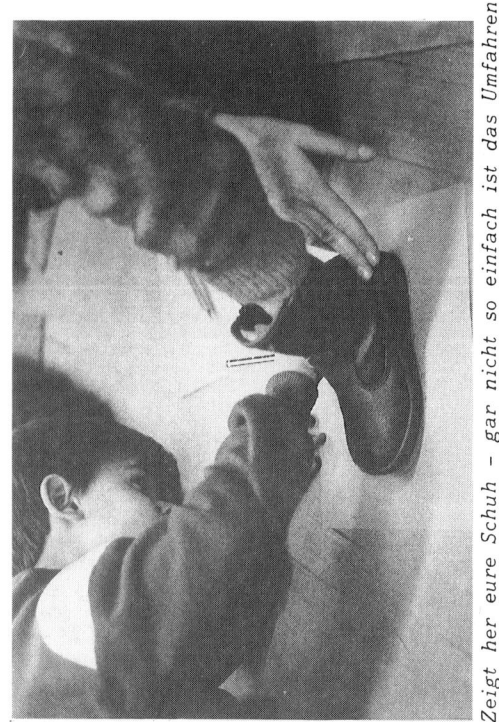

Zeigt her eure Schuh – gar nicht so einfach ist das Umfahren ... zu zweit geht es jedoch einfacher ...

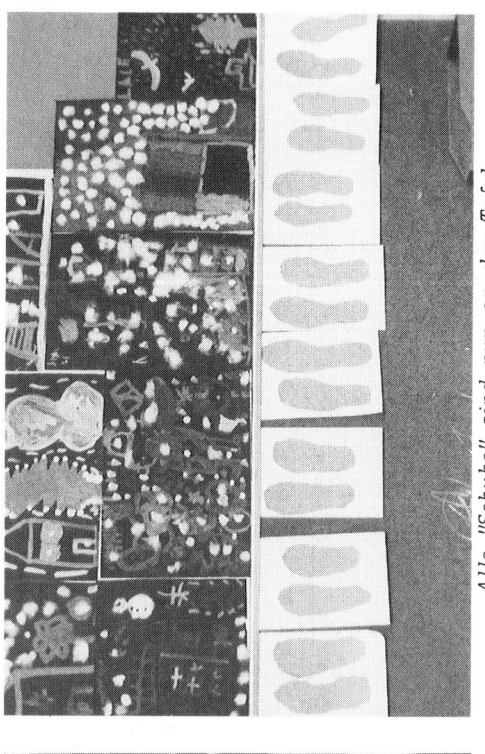

Alle "Schuhe" sind nun an der Tafel.

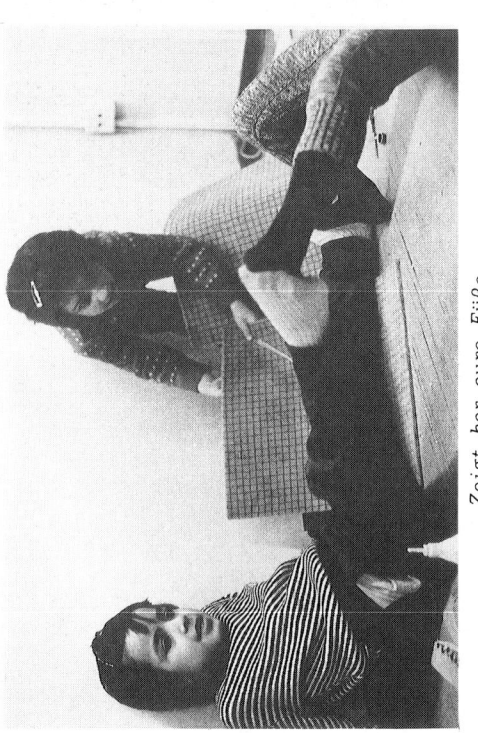

Zeigt her eure Füße ...

Ausschneiden und Kleben – Deniz hat ihren "Schuhabdruck" schon aufgeklebt, und Erkan ist gleich fertig.

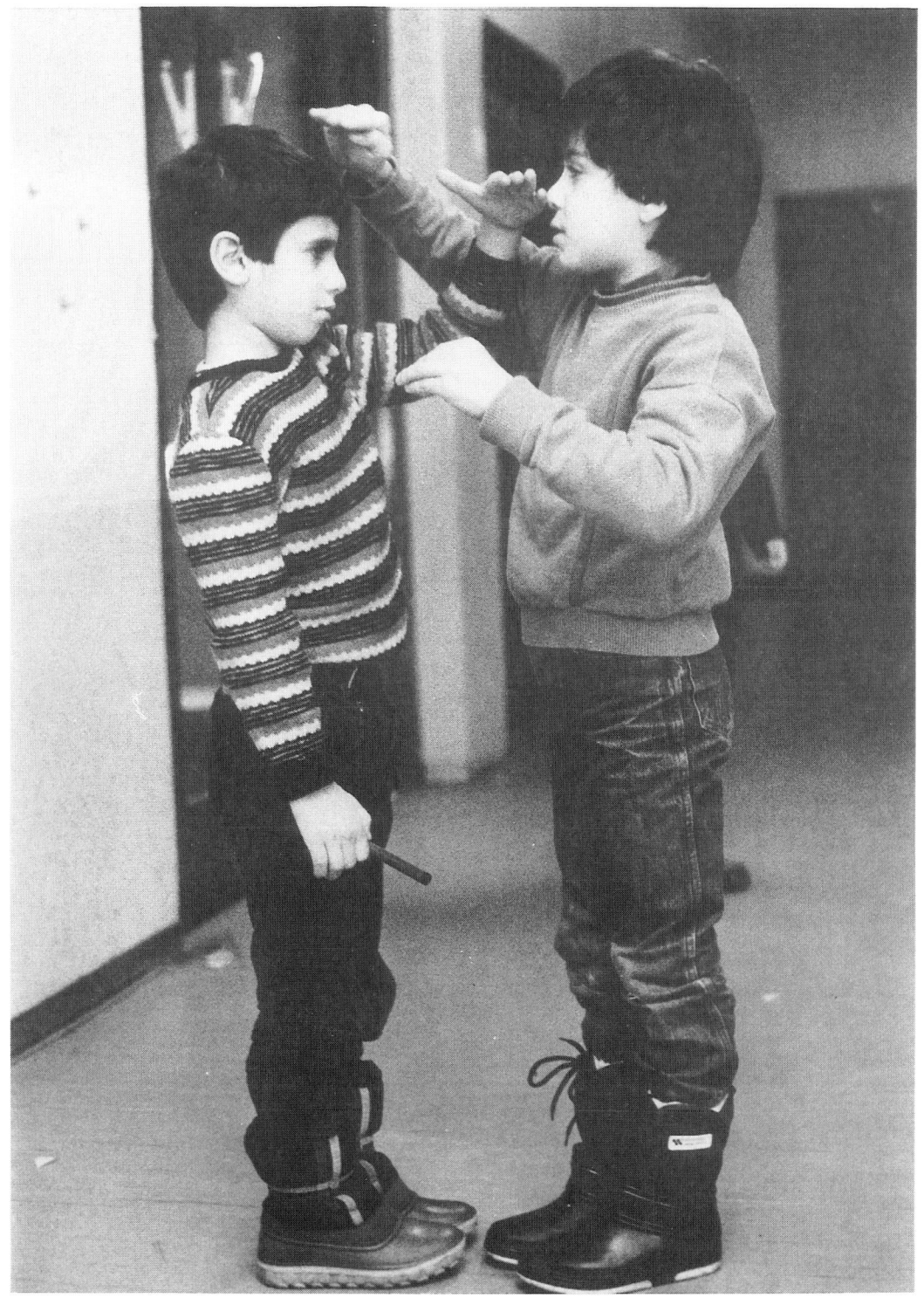

So nah sind wir uns bisher noch nicht gekommen.

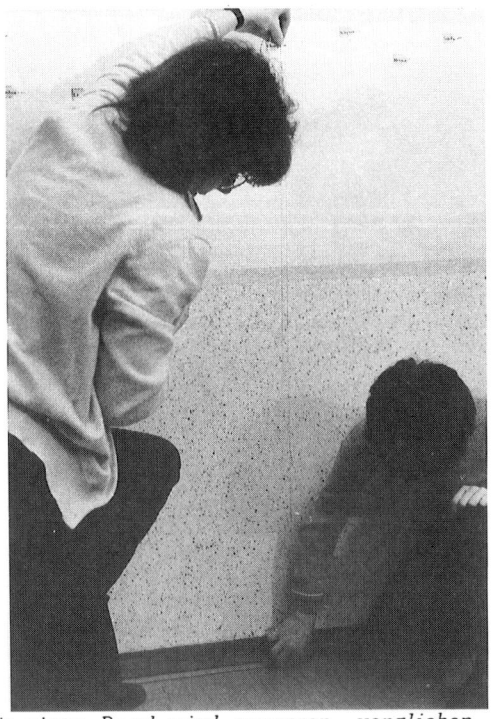

Mit einem Band wird gemessen, verglichen ...

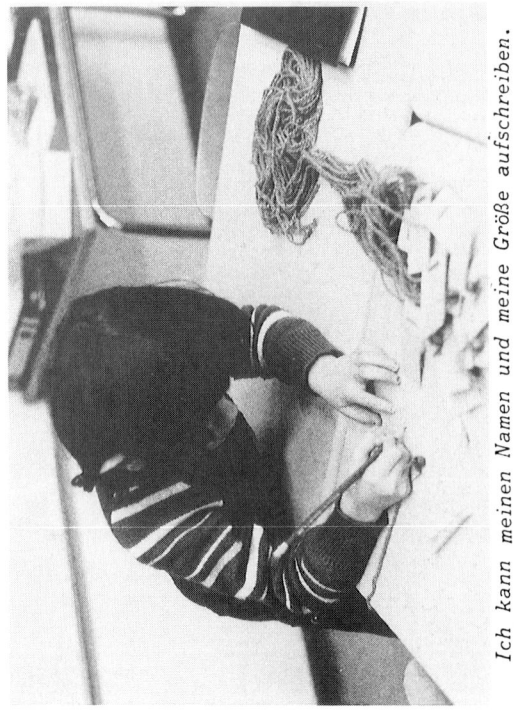

Ich kann meinen Namen und meine Größe aufschreiben.

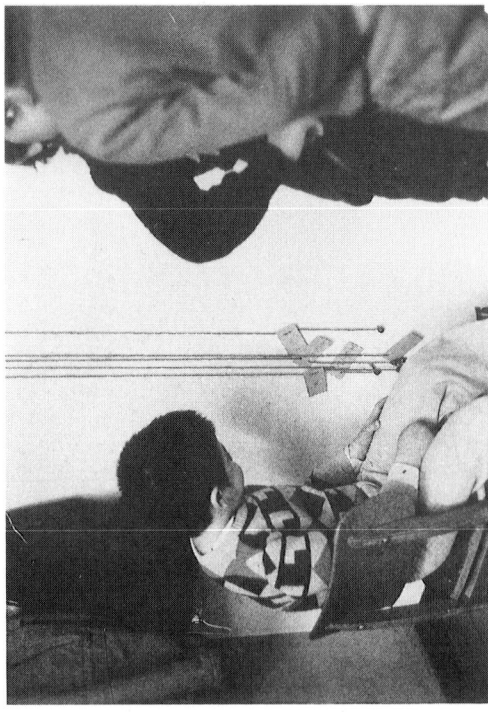

Ich bin gespannt, wie groß ich im nächsten Jahr sein werde.

Die Geschichte von Ayşun

Die Kinder vergleichen ihre Körpergröße: Je zwei stellen sich nebeneinander, erkennen, daß der andere größer oder kleiner oder gleich groß ist. Ich markiere die Größe jedes Kindes auf einer Leiste, schreibe die Namen dazu ... Die Kinder sind aufgeregt. Vor allem die Jungen wollen jeweils die Größeren sein.

Als schon viele Markierungen angebracht sind, vergleichen sich die Kleineren mit noch Kleineren, um sagen zu können: "Ich bin größer als ...". Ich merke, daß Ayşun traurig ist. Sie ist die absolut Kleinste.

"Ich immer klein", jammert sie.

"Ist das nicht schön?"

"Nein!" Ich sage ihr, daß ich sie (trotzdem!?) mag, andere Mädchen trösten: "Ist nicht schlimm!" Ayşun ist nicht zufrieden.

Auch als wir die Schuhgröße, die Größe der Hände durch Aneinanderlegen, Aufmalen usw. vergleichen, immer ist Ayşun die Kleinste. Sie muß sich wohl damit abfinden.

Wir stellen andere Vergleiche an: mit kleineren Geschwistern, Vettern, Freundinnen außerhalb der Schule. Da konnte Ayşun auf einmal sagen: "Ich bin größer als Ergün", und dabei strahlen.

Dennoch bleibt die Tatsache, daß sie im Klassenverband den Status der Kleinsten hat und sicher noch lange haben wird. Immerhin weiß ich jetzt, daß es für sie ein Problem ist.

Große Dinge – kleine Dinge vergleichen

Große Dinge und kleine Dinge nebeneinandergelegt – daran übt sich gut die Sprache der Beziehung "...ist größer als ...". Einige Kinder probieren auch schon das "... ist kleiner als ...".

Wir Lehrer finden dabei heraus, für welche Dinge die Kinder sich interessieren, was sie miteinander vergleichen und was sie auch sprachlich bewältigen können. Besser hätten wir neue Sachverhalte und Probleme in der Muttersprache der Kinder eingeführt – doch die Wirklichkeit der Schule läßt das nicht zu.

Die Puppe Fatma ...

Barış kann nur mit größter Anstrengung über sie erzählen. Er braucht viel Unterstützung dabei zu sagen, daß Fatma größer ist als die Murmel.

Vergleich von Abbildungen

Abbildungen (Zeichen) treten in den Vordergrund des Vergleichs. Die Kinder lernen: Es lassen sich Gegenstände aus der Klasse vergleichen, anderes müssen wir uns vor Ort angucken, Gegenstände lassen sich aber auch abbilden.

In der Arbeit mit ausländischen Kindern kommt es darauf an, nun nicht von dem mathematischen Problem abzulenken, Abbildungen von Gegenständen zu wählen, die den Kindern möglichst sprachlich geläufig sind.

Zeichen verwenden: >, <, =

Die Kinder haben schnell verstanden, daß es einfacher ist, ein Zeichen zu verwenden, als den ganzen Satz "ist größer als" zu notieren. Und nachdem sie unsere Merkhilfe: das Zeichen öffnet sich zum größeren "Gegenstand" (später der größeren Zahl) hin – erfaßt hatten, konnten sie sich dieses Zeichen gut einprägen.

Um das Verständnis zu erleichtern, haben wir zuerst nur das Zeichen für "ist größer als" benutzt. Die Umkehrung bereitete später keine Probleme.

Die Kinder haben mit verschiedensten Materialien vorbereitend geübt, indem sie "Gegenstände" (z.B. Anzahlen von Steckwürfeln) in Verbindung mit dem " < "-Zeichen der Lese- und Schreibrichtung vor sich legten oder stellten.

*Ergün stellt die Anzahl fest, um die
Aufgabe richtig benennen zu können.*

Leman hält ihr Arbeitsergebnis schriftlich fest.

Habe ich das richtig gemacht?

*Ein Schritt weiter: Es wird immer
mathematischer mit Steckwürfeln
und Zahlensteckern.*

Den Kinder fiel es im allgemeinen nicht schwer, selbst Relationen mit
den abgebildeten Mitteln herzustellen und diese auf Zeichenpapier zu
übertragen. Auch die Darstellung auf kariertem Papier im Heft gelang
nach einiger Übung ohne weiteres. Die Kinder brauchten unterschiedlich lange, bis sie mit Relationen zwischen Zahlen **ohne** Material umgehen lernten.

Verwendung des Gleichheitszeichens

Als die Kinder ihre Größe miteinander verglichen, beobachteten wir folgendes: Wenn sich Kinder fanden, die gleich groß waren, stellten sie dies mit offensichtlicher Genugtuung fest. Wir knüpften an diese Erfahrung an, als wir anschließend das Phänomen "ist gleich" begreiflich machen wollten.

Die Kinder verglichen sich wieder, stellten gleich große, gleich lange, gleich dünne, gleich dicke Gegenstände zusammen und kamen über gleich große Stecktürme zu dem Begriff "gleich viele".

Sie vertieften den Begriff in Experimenten auf unterschiedlichen Wegen. Sie experimentierten z.B. auch mit Waagen und stellten fest, daß die Waagschalen auf gleicher Höhe ("gleich hoch") waren, wenn z.B. gleich viele Steckwürfel als Gewicht in jeder Schale lagen.

Kinder wissen oft nicht, was eine Gleichung bedeutet. Von diesem weit verbreiteten Phänomen berichtet auch Christel Manske aus ihrer Erfahrung als Lehrerin einer zweiten Klasse:

Ich wollte wissen, ob die Kinder die Bedeutung des Gleichheitszeichens kennen. Ich fragte sie daher: "Zwei ist gleich ...?" Aber kein Kind kam auf die Lösung. Die Kinder riefen: "Was denn, was denn, was sollen wir denn?"

Ich wiederholte "2 = ?" und schrieb die Aufgabe an die Tafel. Zum Erstaunen der Lehrer und Studenten, die an dieser Stunde teilnahmen, hatte kein Kind ein Bewußtsein von Gleichung. Als ich ihnen die Lösungen gab, "2 = 2", riefen die Kinder: "Zwei ist gleich zwei ist gleich vier." Alle Rechenoperationen hatten diese Kinder bisher ohne jegliches Verständnis für ihr Tun nur sinnlos ausgeführt.

Solche Erfahrungen kann man überall machen. Ich habe beobachtet, daß viele Kinder Ergänzungsaufgaben wie z.B. "3 + ? = 5" wie Additionsaufgaben rechnen. Z.B. " 3+(8)=5 ". Sie sind dann verzweifelt über das Ergebnis, sie wissen nicht, wo der Fehler liegen könnte. Immer wieder zählen sie die Mengen 5 und 3 zusammen. Sie sehen die angegebenen Mengen, aber sie kennen die Bedeutung des Gleichheitszeichens nicht. (43)

Zahlenfolge

Die Folge der natürlichen Zahlen 1 - 10 - Zählen in Schritten - Lückenspringer - Rommêspiel.

Die Folge der natürlichen Zahlen 1 bis 10

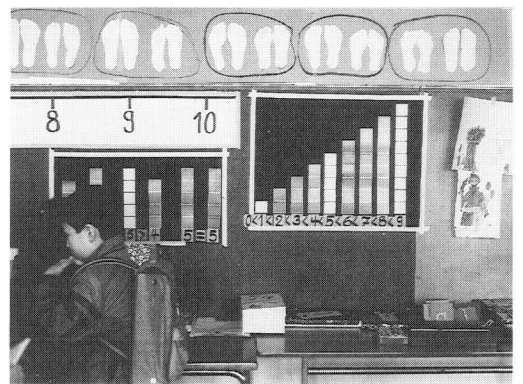

Veranschaulichung mit Steckwürfel und Zahlenstecker.

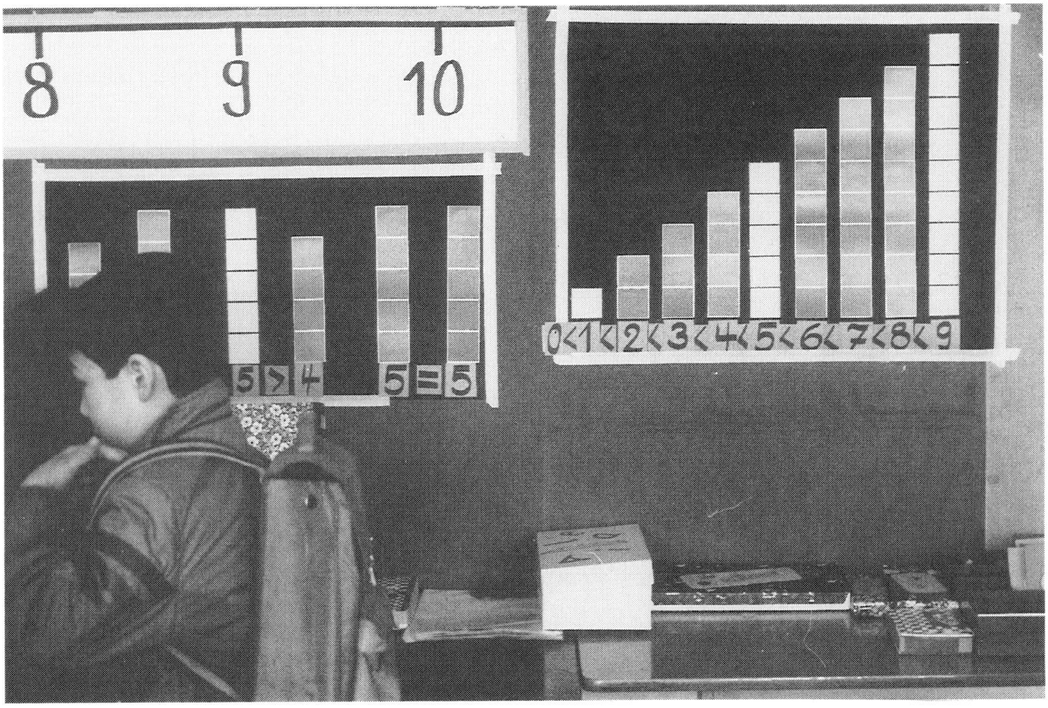

Zählen in Schritten

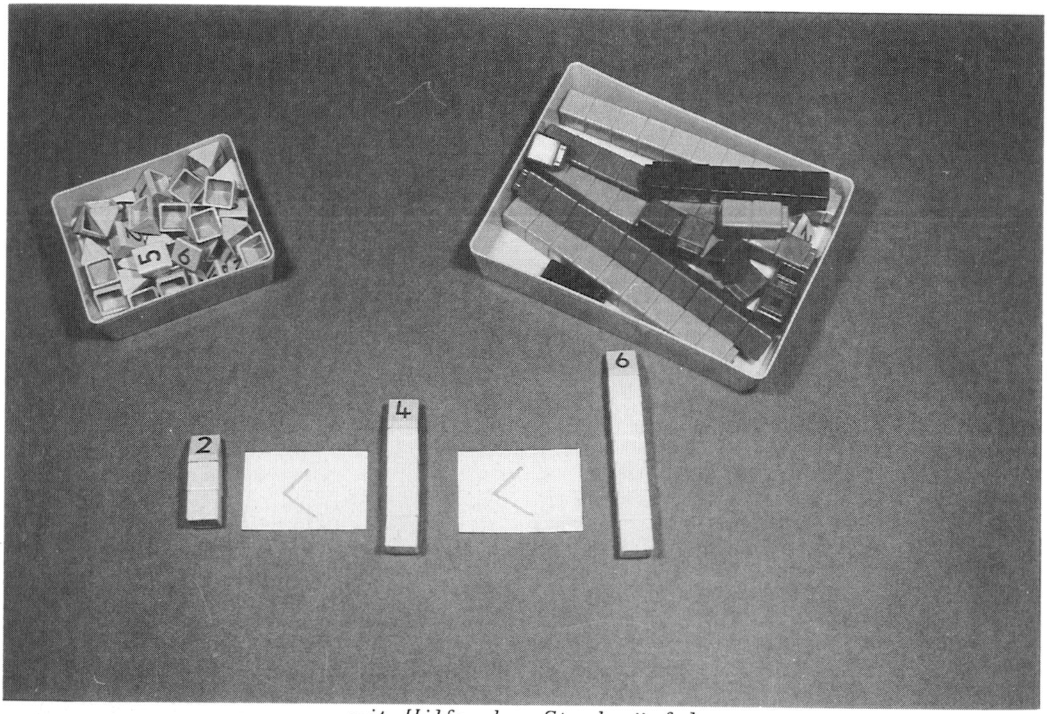

... mit Hilfe der Steckwürfel ...

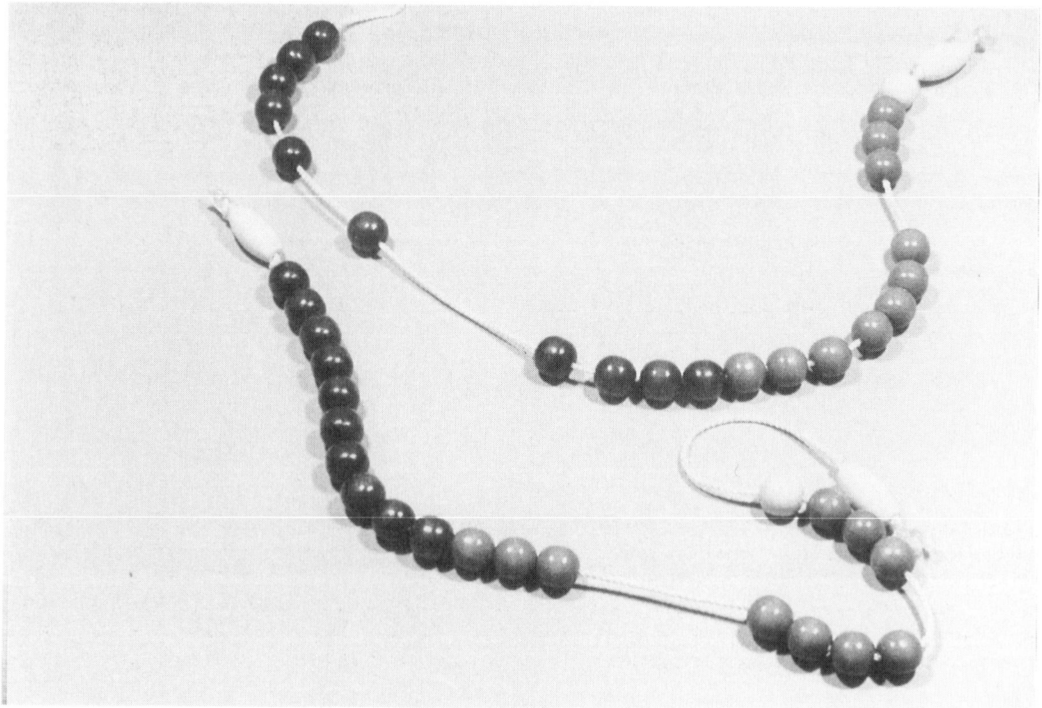

... mit der Perlenkette. (44)

Lückenspringer

<u>Ziel</u>:

Üben der Zahlenfolge, Erkennen der Vorgänger und Nachfolger.

<u>Spielform</u>:

Bis zu vier Kinder.

<u>Material</u>:

Ein Zahlenstreifen aus Pappe mit den Feldern 1 bis 10 wird als Spielplan verwendet.

Fünf Blankokarten dienen zum Abdecken von fünf beliebigen Zahlenfeldern. (45)

Drei bis vier Sätze von je zehn selbstgestalteten Spielkarten (1 bis 10) in verschiedenen Variationen können benutzt werden. Jeder Spielkartensatz ist durch eine Farbe gekennzeichnet.

<u>Spielablauf</u>:

Fünf Felder des Zahlenstreifens werden abgedeckt. Jedes Kind erhält einen Satz Karten, den es gemischt und als Stapel vor sich auf den Tisch legt. Der Reihe nach heben die Kinder die oberste Karte ab. Gehört sie auf ein abgedecktes Feld, darf sie dort abgelegt werden. Ansonsten wird sie zur Seite gelegt. Das Spiel ist beendet, wenn jedes Kind auf jedes abgedeckte Feld eine Karte seiner Farben ablegen konnte.

129

Romméspiel

Material:

Ein Romméspiel läßt sich leicht mit Blankospielkarten herstellen.(46)
Zu diesem Spiel, das zwei bis vier Kinder gemeinsam spielen können,
gehören vier unterschiedlich farbige Kartensätze mit der Zahlenfolge
0 - 9 . Auf den Karten sind Ziffern und Darstellungen entsprechender
Anzahlen kombiniert.(47) Es werden Zahlenfolgen gebildet sowie Vorgänger und Nachfolger gesucht.

Spielablauf:

Die Karten werden gemischt. Jedes Kind erhält sechs Karten und legt
diese offen vor sich auf den Tisch. Die restlichen Karten werden als
Stapel in die Mitte des Tisches gelegt.

Das Spiel beginnt, indem die Kinder der Reihe nach prüfen, ob sie unabhängig von der Farbgestaltung drei aufeinanderfolgende Zahlen (z.B.
5, 6, 7) besitzen. In diesem Fall legen sie die Karten in die Mitte
des Tisches. Ist das nicht der Fall, darf das spielende Kind eine Karte vom Stapel nehmen und prüfen, ob sie paßt.

Wenn ein Spieler eine Zahlenfolge auslegen konnte, darf er auch einzelne Karten aus seinem Bestand - oder neu gezogene - an eigenen aus-
gelegten Zahlenfolgen oder denen der Mitspieler anlegen. Bis ein Spieler auslegen kann, bleiben alle Karten (auch neu gezogene) vor ihm
liegen.

Je mehr Karten ausgelegt sind, desto mehr ist die Aufmerksamkeit der
Kinder gefordert, die Übersicht über die Zahlenreihen zu behalten und
rechtzeitig eine Möglichkeit zum Anlegen zu erkennen.

Die Kinder sollten beim Spiel ihre eigenen Karten offenlegen. Gegensei-
tige Hilfe ist dann leichter möglich, wird geradezu provoziert.

Zerlegen – Ergänzen

Arbeiten mit homogenem Material - Zerlegungs-/Ergänzungskarten I - Zerlegungs-/Ergänzungskarten II - Konfektkastenspiel - Ergänzungsspiel mit Holzspateln - Ergänzungsspiel mit Mengenbildkarten.

Schulanfänger ... verbinden mit Addieren bzw. Subtrahieren Handlungen unter operativen Aspekten wie

Hinzufügen, Hinzukommen, Zusammenlegen, Weitermachen, Zuzählen, Ergänzen, Vergleichen, Angleichen, Verändern, Zusammensetzen, Vermehren, Wachsen, Gewinnen, Hinzukaufen ... bzw. Wegnehmen, Abtrennen, Zurückzählen, Verlieren, Wegfliegen, Aussteigen, Absteigen, Vermindern, Schrumpfen, kleiner werden, Abnehmen, Verkürzen, Aufessen ...

Es scheint sinnvoll, einige dieser Handlungen zu Beginn des Lernprozesses aufzunehmen, um nicht zu schnell und zu einengend auf das mathematische Verständnis der Operationen hinzuarbeiten. (48)

Viele der genannten Handlungen sind Teil des schulischen Lebens von Kindern. Ein neuer Schüler wird in die Klassengemeinschaft aufgenommen, ein Kind will sich einer Spielgruppe anschließen, ein anderes braucht zusätzliche Korken zum Fertigstellen eines Korkenmännchens, in einem Memory-Spiel fehlen Karten; anläßlich eines Geburtstages wird die mitgebrachte Torte "zerlegt" und "verteilt", ein Kind erzählt im Morgenkreis stolz von seinen neuen Schuhen, weil die alten zu klein geworden sind, ein anderes zeigt einen neuen durchstoßenden Zahn.

Wir nehmen diese Ereignisse auch zum Anlaß für mathematisches Lernen. Wenn ihr Ablauf erkannt wird, trägt das zur mathematischen Begriffsentwicklung bei.

131

Arbeiten mit homogenem Material

Zur Bildung, Herausarbeitung, Erweiterung, Vertiefung der mathematischen Phänomene "Zerlegen", "Ergänzung" haben wir den Kindern, unter anderem, aber auch homogenes Material angeboten.

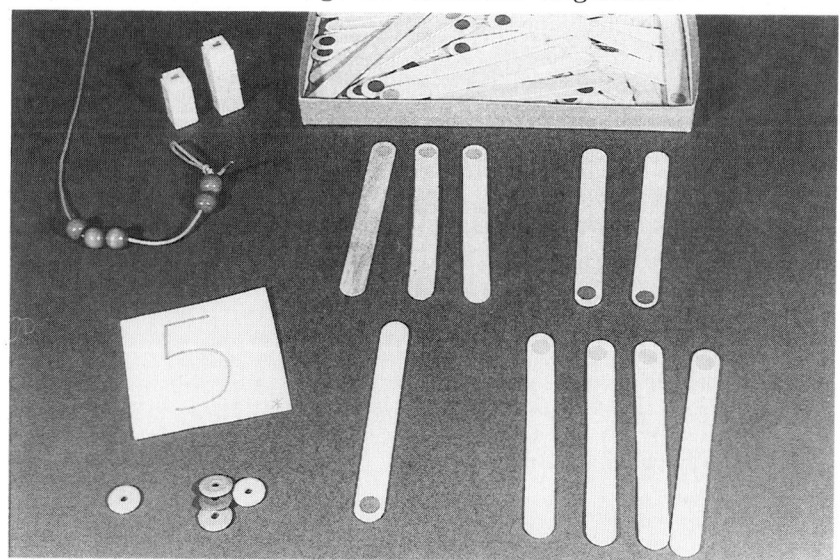

Verschiedene Materialien zur Zahldarstellung (Zerlegung, Ergänzen, "Hinzufügen"). Steckwürfel, Perlenkette, Chips, Holzspatel (die mit blauen oder roten Punkten beklebt sind). (49)

Wir regten die Kinder dazu an, vorgegebene Mengen von Holzspateln in Teilmengen zu zerlegen.

Jedes Kind malte, nachdem es die Menge "zerlegt" hatte, die Holzspatel direkt aufs Papier.

Der nächste Abstraktionsschritt war, die Spatel durch rote bzw. blaue Punkte zu symbolisieren und sie auf besonderen Arbeitsblättern zu notieren. In Diagrammen wurden die Teilmengen zusätzlich durch Zahlen bezeichnet.

Zur Umkehrung des bisherigen Lernprozesses erhalten die Kinder Zahlenstecker. Hier wird die Zahl 5 "zerlegt". Ahmet hat als erstes das Zahlenpaar 5 0 herausgesucht und sie auf seinen Arbeitsbogen gestellt. Jetzt trägt er sie als Punktmengen in ein Zerlegungsdiagramm ein.

Zerlegungs- / Ergänzungskarten I

Zerlegungskarten, aus farbigem Karton hergestellt, bieten spielerische Anwendungsmöglichkeiten, können aber auch als Arbeitshilfe im Unterricht eingesetzt werden. Entwickelt wurden sie für die Zerlegung im Zahlenraum 0 - 6, die der Einführung von Addition und Subtraktion vorausgehen sollte.

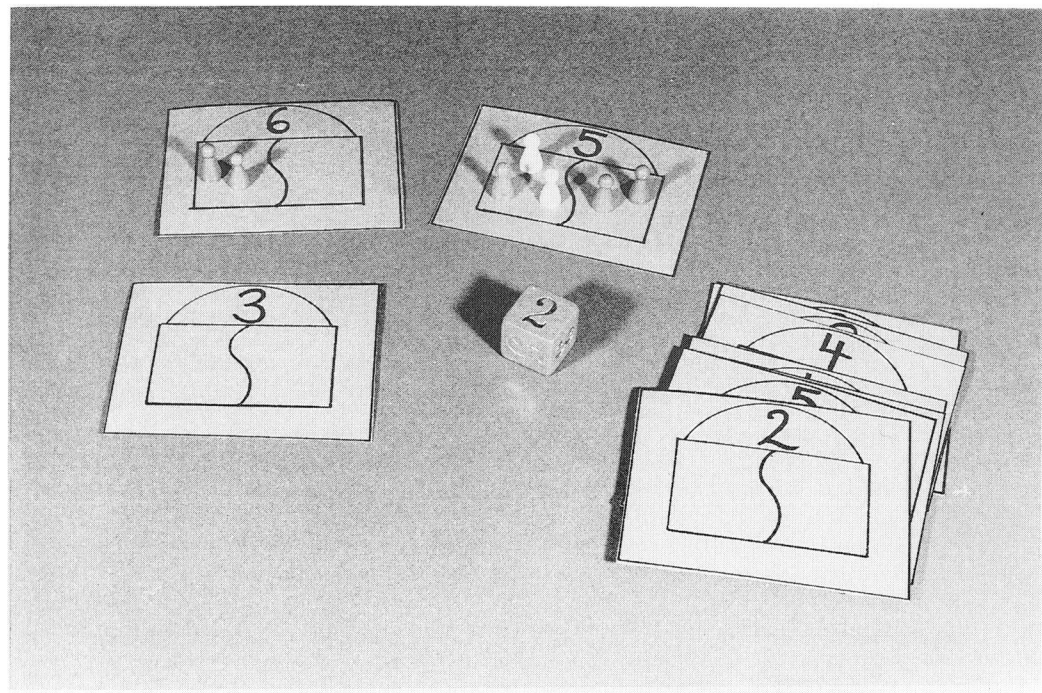

In einer kleinen Lerngruppe erhält jedes Kind drei bis vier Karten. Benötigt wird auch ein Ziffernwürfel und eine größere Menge kleiner Plastikchips oder Spielsteine. Es wird reihum gewürfelt. Dabei gibt es im Prinzip zwei (mathematische) Möglichkeiten:

● Zerlegen
● Ergänzen

Wenn die erwürfelte Ziffer der Kopfzahl einer Zerlegungskarte gleich ist, dann kann die entsprechende Anzahl Chips auf die beiden Felder dieser Zerlegungskarte gelegt werden. Dabei ist die Zahl "zerlegt", z.B. $3 \int 2$. Denkbar ist aber auch die Zerlegung $5 \int 0$, $4 \int 1$ usw.

Das Kind kann aber auch eine Karte wählen, deren Kopfzahl größer ist als die gewürfelte Ziffer (Beispiel: Kopfzahl 6, Ziffer 2). Dann legt es zwei Chips auf ein Feld der Karte und kann nun in den folgenden Spielrunden Chips "ergänzen", bis die Kopfzahl der Karte erreicht ist.

Das Spiel ist beendet, wenn alle Kinder ihre Karten den Kopfzahlen entsprechend belegt haben.

Ahmet spielt ohne Würfel, allein.
Er legt eine Karte nach der anderen aus.

Wie viele Chips brauche ich?
Wie kann ich sie aufteilen?

Nun die nächste Karte ...

Das Spiel läßt sich nur von höherer Warte aus überblicken.

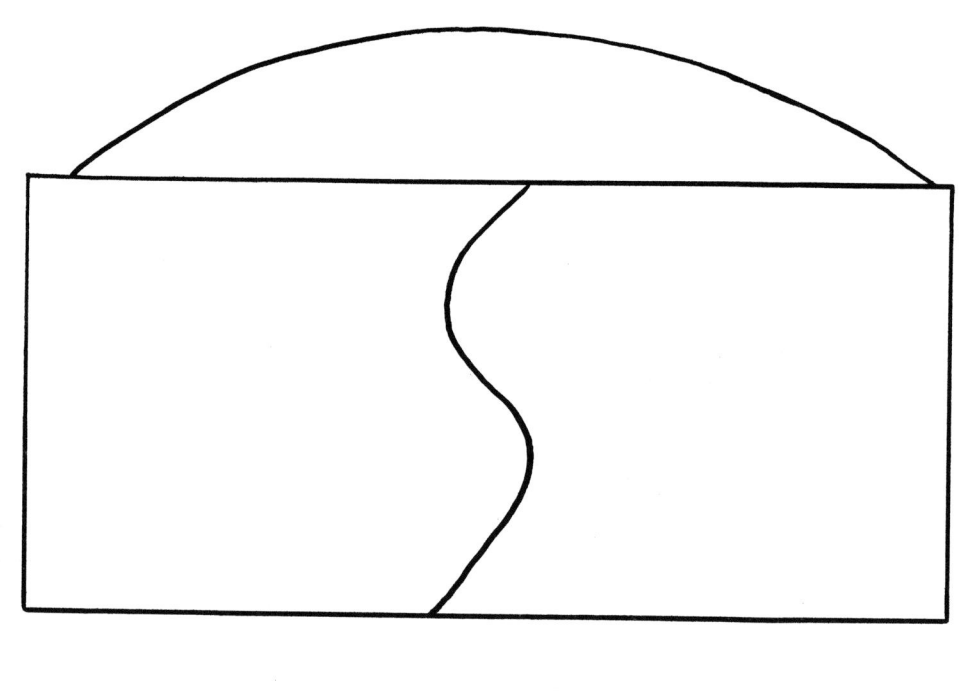

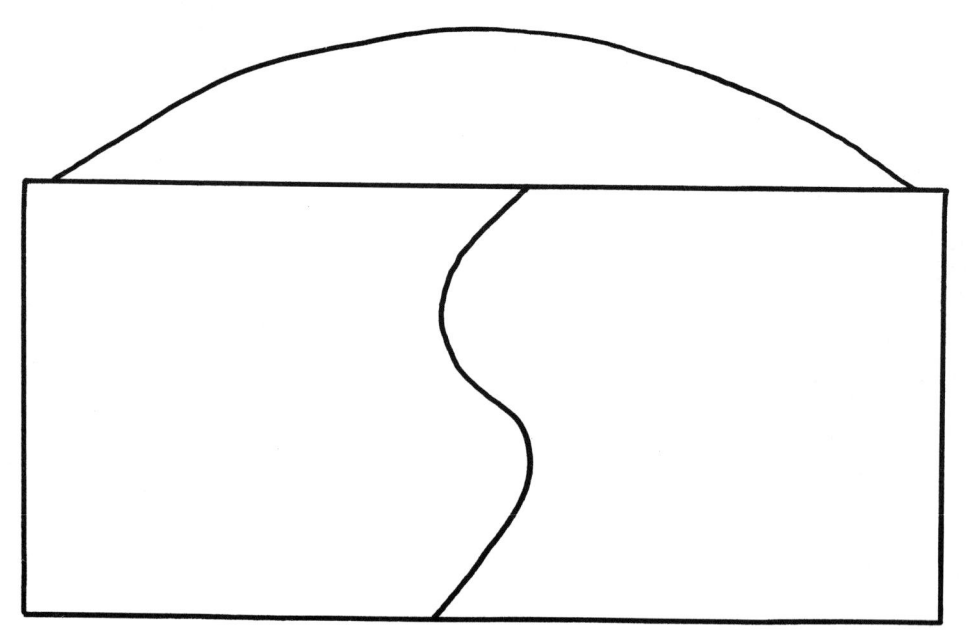

Zerlegungs- / Ergänzungskarten II

Ziel:

Übung von Zahlzerlegung und Ergänzung,

Anbahnung der Kenntnis des Kommutativ-Gesetzes.

Material:

Grundplatten aus Pappe mit Folie bezogen für beliebige Zahlen.

Entsprechende Zahlenstrahl-Abschnitte in Streifen-/ Kästchenform, z.B. für 6:

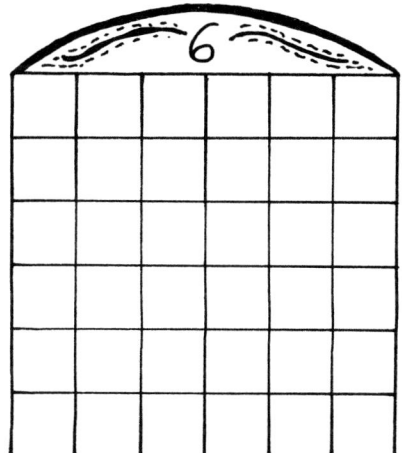
Grundplatte

Zahlenstrahl-Abschnitte

Yaşemin sucht Kästchen-Streifen, die aneinandergelegt je eine 7-Felderreihe abdecken. Am Anfang legt sie immer erst einen "Streifen" auf die Grundplatte und zählt nach, welcher Streifen bis 7 noch fehlt. Jetzt greift sie schon gleich zu zwei Streifen, die zusammen 7 Felder abdecken.

Das Spiel weckt das Verständnis der Addition.

137

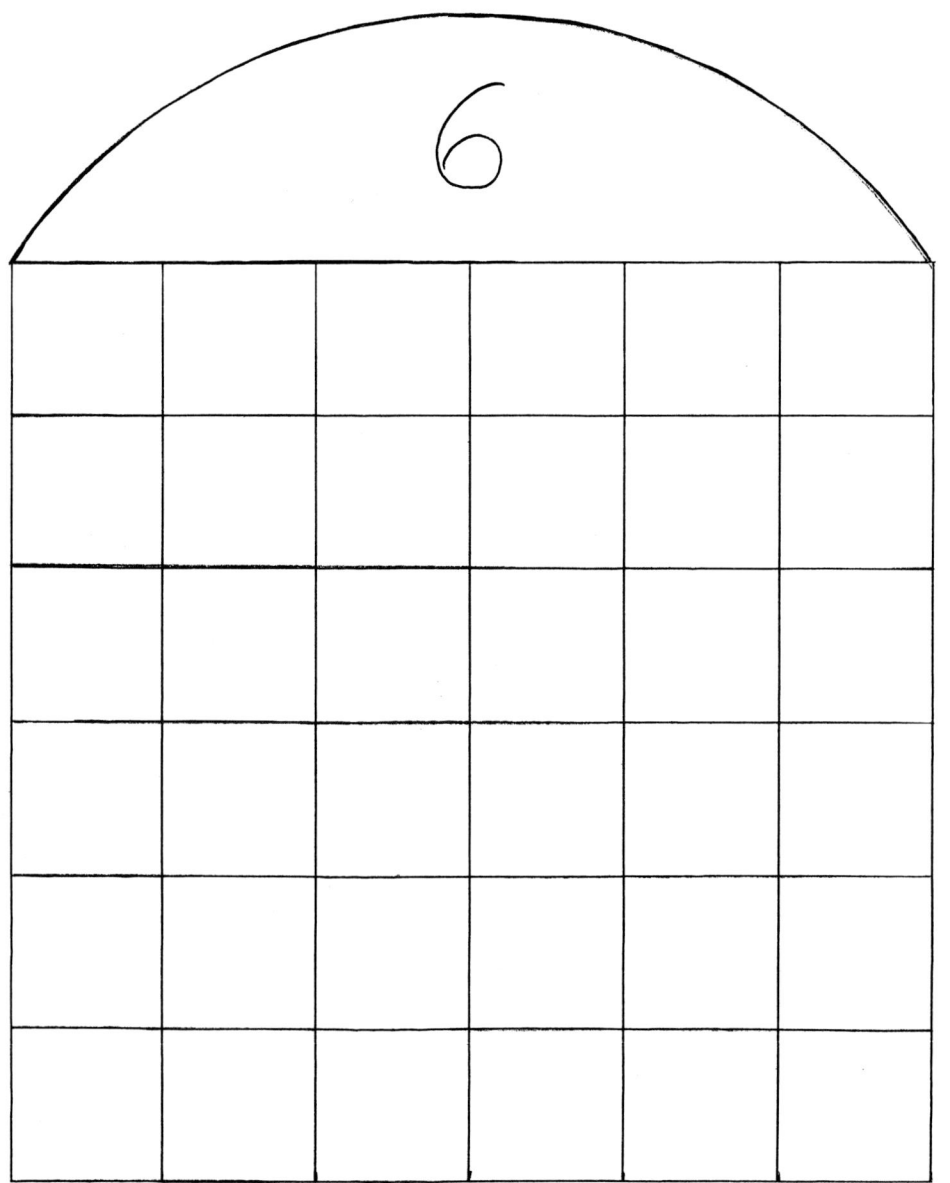

					6

| 1 |

				5

	2

			4

		3

		3

			4

	2

				5

| 1 |

Konfektkasten–Spiel

Eierkartons, Konfektschachteln und vieles andere Leergut aus Pappe, Papier und Kunststoff bieten sich von jeher als billige Lehr- und Lernmittel an.

Wie leere Schachteln verwendet werden können, zeigen wir an einer Konfektschachtel, die in vier Bereiche mit je sechs Feldern eingeteilt ist. So eignet sie sich gut als "Spielplan" für ein ergänzendes Übungsspiel.

Spielform:

Partnerspiel.

Material:

- Konfektkasten (siehe Abbildung).

- Ziffernwürfel, bei dem die 6 mit einem Klebepunkt verdeckt ist.

- Zwölf Chips pro Kind.

Spielablauf:

Jedem Kind sind auf dem "Spielplan" zwei 6er Bereiche zugeordnet. Die Kinder würfeln abwechselnd.

In der ersten und zweiten Würfelrunde besetzen sie erst einmal ihre beiden Bereiche mit der der Würfelzahl entsprechenden Anzahl Chips. Dann kommt es darauf an, wer zuerst die Zahlen erwürfelt, die eine Ergänzung zur 6 ermöglichen.

Der Spielstand nach je einem Spielzug der beiden Spieler; am Ende des Spiels muß in jeder Vertiefung ein Chip liegen.

Ergänzungsspiel mit Holzspateln

<u>Ziel</u>:

Ergänzungen im Zahlenraum bis 6.

<u>Spielform</u>:

Zwei bis drei Kinder.

<u>Material</u>:

- Für jeden Spieler zehn Holzspatel.(50)
- Ein Augenwürfel.

<u>Spielablauf</u>:

Jedes Kind erhält zu Spielbeginn zehn Spatel und einen Augenwürfel.

Die Mitspieler würfeln und vergleichen ihre Ergebnisse. In einer Spielrunde werden z.B. 3, 5 und 6 erwürfelt. Das Kind, das die geringste Augenzahl erwürfelt (hier: 3), muß dem Kind, das die nächsthöhere Zahl hat (hier:5), zwei Spatel als Ergänzung zu 5 abgeben. Der Spieler, der 5 erwürfelt hat, muß demjenigen, der 6 erwürfelt hat, einen Spatel geben.

Werden zwei oder drei gleiche Zahlen erwürfelt, kann das Spiel ohne Spatelabgabe weitergeführt werden. Das Spiel endet im allgemeinen, wenn ein Spieler in den Besitz aller Spatel gekommen ist.

Es ist günstig, eine Spielzeit zu vereinbaren (mit Eieruhr als Zeitmesser), weil es sehr lange dauern kann, bis sich alle Spatel im Besitz eines Spielers befinden.

Ergänzungsspiel mit Mengenbildkarten

Ziel:

Ergänzung zu einer vorgegebenen Anzahl im Bereich 0 - 6.

Spielform:

Zwei bis drei Kinder, als Partnerspiel besonders gut geeignet.

Material:

- Verwendung finden die Karten des Schnipp-Schnapp- bzw. des Lotto-spiels.(51)

- Zusätzlich wird ein Spielplan etwa im Format 32 cm x 23 cm benö-tigt. Aufteilung des Spielplans (52):

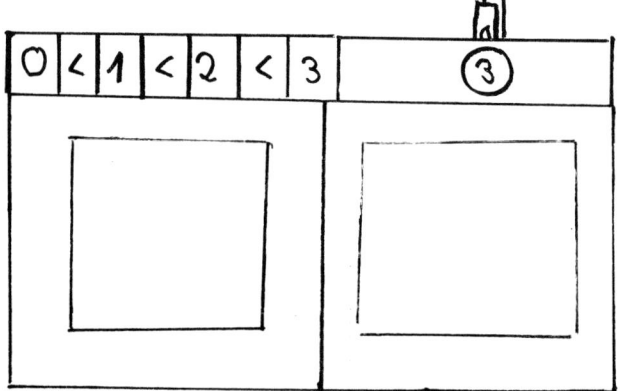

- Drei Abdeckkarten werden benötigt. Sie sollen
  - die Ziffern 4 - 6 ,
  - die Ziffern 5 und 6 ,
  - die Ziffer 6

  auf dem Zahlenstreifen abdecken können. Die Abdeckkarten können auf Wäscheklammern geklebt und somit auf den Zahlenstreifen des Spielplans geklemmt werden.

Spielablauf:

Eine Abdeckkarte wird ausgewählt und so auf den Spielplan geklemmt, daß sie mit dem rechten Rand des Zahlenstreifens bündig abschließt. Die noch freiliegenden Ziffern zeigen den Schülern, daß sie Schnipp-Schnapp-Karten mit den Darstellungen der Anzahlen 0, 1, 2, 3 benötigen. Die übrigen müssen sie zunächst einmal aussortieren. Dann werden die Spielkarten verteilt.

Die Zahl der Abdeckkarten soll nun noch einmal erinnern, zu welcher Anzahl ergänzt werden muß.

Die Schüler sind nacheinander an der Reihe, eine Spielkarte auf ein Feld des Spielplanes zu legen. Die anderen sehen ihre Spielkarten durch, um mit einer Karte zur geforderten Anzahl ergänzen zu können. Wem dies zuerst gelingt, der darf die zwei Karten aus der Mitte nehmen und ist dann an der Reihe.

Die Lehrerin oder der Lehrer sollten anfangs beim Aussortieren der Karten helfen.

Aufteilungsübungen sind eine günstige Voraussetzung für dieses Spiel. In jedem Falle sollten recht schwache oder noch sehr unsichere Schüler nicht allein spielen, damit sich keine Fehler einschleichen.

Alternativ zu Schnipp-Schnapp-Karten können nach Einführung der Addition auch Zahlen- oder Ziffern-Karten verwendet werden.

Addition

Addieren mit Steckwürfeln – Rechentunnel – Elefantenspiel – Bunter Baum – Additions-
Würfelspiel – Würfelarten – Einfaches Additionslotto – Rechenscheibe – Additionsdomino
– Murmel-Laufbahn.

Addieren mit Steckwürfeln

3 + 1 = 4
Bariş addiert mit Steckwürfeln und stellt die Aufgabe zeichnerisch dar.

"Rechentunnel"

Anwendungsbereich:
Ergänzen / Zerlegen; Addition / Subtraktion.

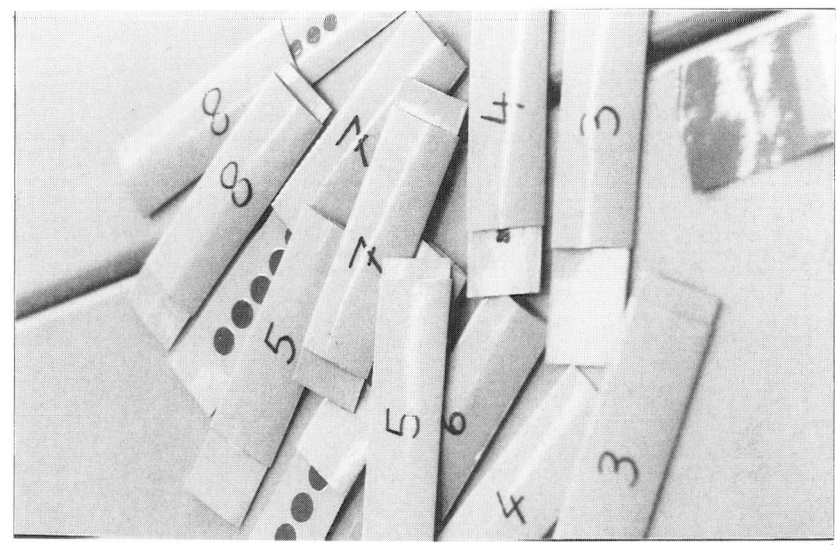

Die Rechentunnel und die dazugehörigen Streifen sind aus farbigen DIN-A 6 Blankokarteikarten hergestellt und mit Klarsichtfolie bezogen. Die Zahlen auf den Streifen lassen sich leicht mit farbigen Klebepunkten darstellen.

Die Kinder benutzten die Rechentunnel lieber als z.B. Rechenketten.

"Auf dem Streifen sind 7 Punkte."

(6 Punkte sind zu sehen:)"Wie viele sind im Tunnel versteckt?"

145

Elefantenspiel

<u>Ziel</u>:

Lösung von Additionsaufgaben im Zahlenbereich bis 6 ohne ausdrückliche Hilfsmittel.

<u>Spielform</u>:

Das Spiel eignet sich am besten als Partnerspiel.

<u>Material</u>:

- Farbiger Karton, etwa DIN A3 Format, auf dem die Umrißlinie eines Elefanten durch gelbe und rote Punkte (Klebepunkte) in beliebigem Wechsel als Spielstrecke markiert wird.

- 30 gelbe und 30 rote Karten mit Summentermen.
  Holzfiguren.
  Würfel.

<u>Spielverlauf</u>:

Je ein Stapel mit etwa 30 gelben bzw. 30 roten Karten mit Summentermen (Summe kleiner/gleich 10) wird in die Mitte des Spielfeldes gelegt. Auf die Rückseite der Term-Karten kann die Zahl, die dem Wert des Terms entspricht, notiert werden, um den Kindern eine selbständige Kontrolle zu ermöglichen. Wir konnten jedoch darauf verzichten: Die Kinder rechneten selbst sehr genau und führten die Spielzüge gemeinsam durch.

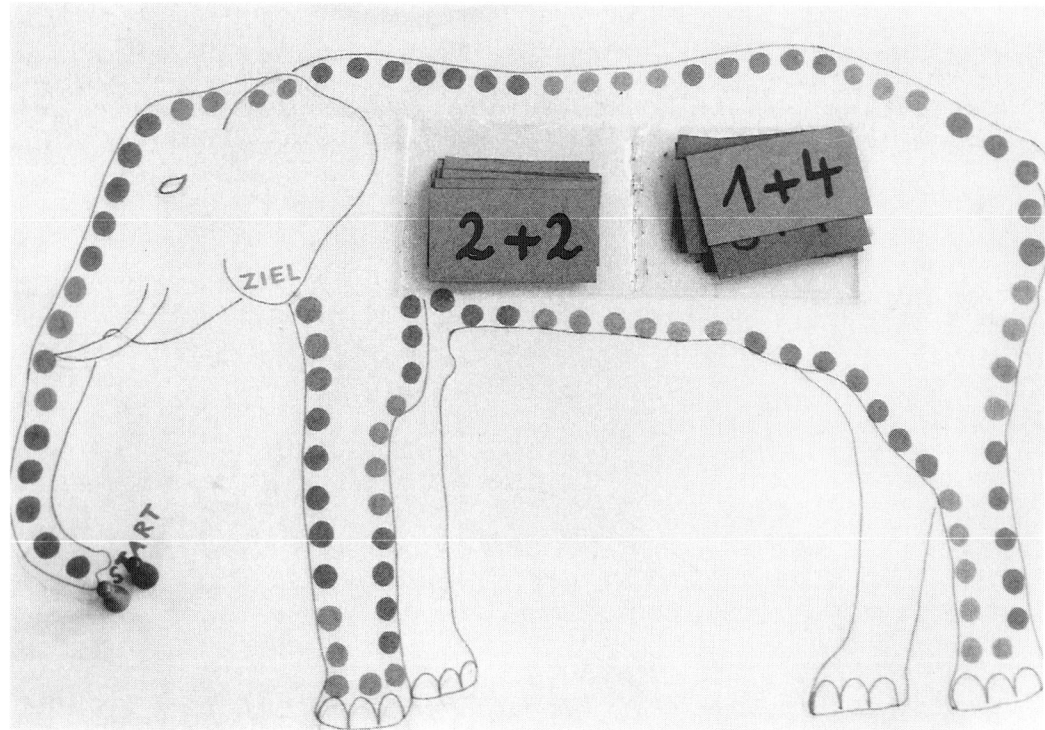

Die Kinder nehmen zu Beginn eine Karte von einem der beiden Stapel und formulieren die Aufgabe. Der Wert des Terms bestimmt für den Spieler die Anzahl der Schritte, die er auf der Spielstrecke als Spielzug zurücklegen darf. Die Farbe des Punktes, auf dem die Spielfigur dann steht, bestimmt beim Weiterspielen jeweils die vom Spieler zu wählende Farbe der Karte. Jeder Spielzug sollte von dem jeweiligen Schüler mit dem Satzmuster a + b = c (Türkisch oder Deutsch) begleitet werden.

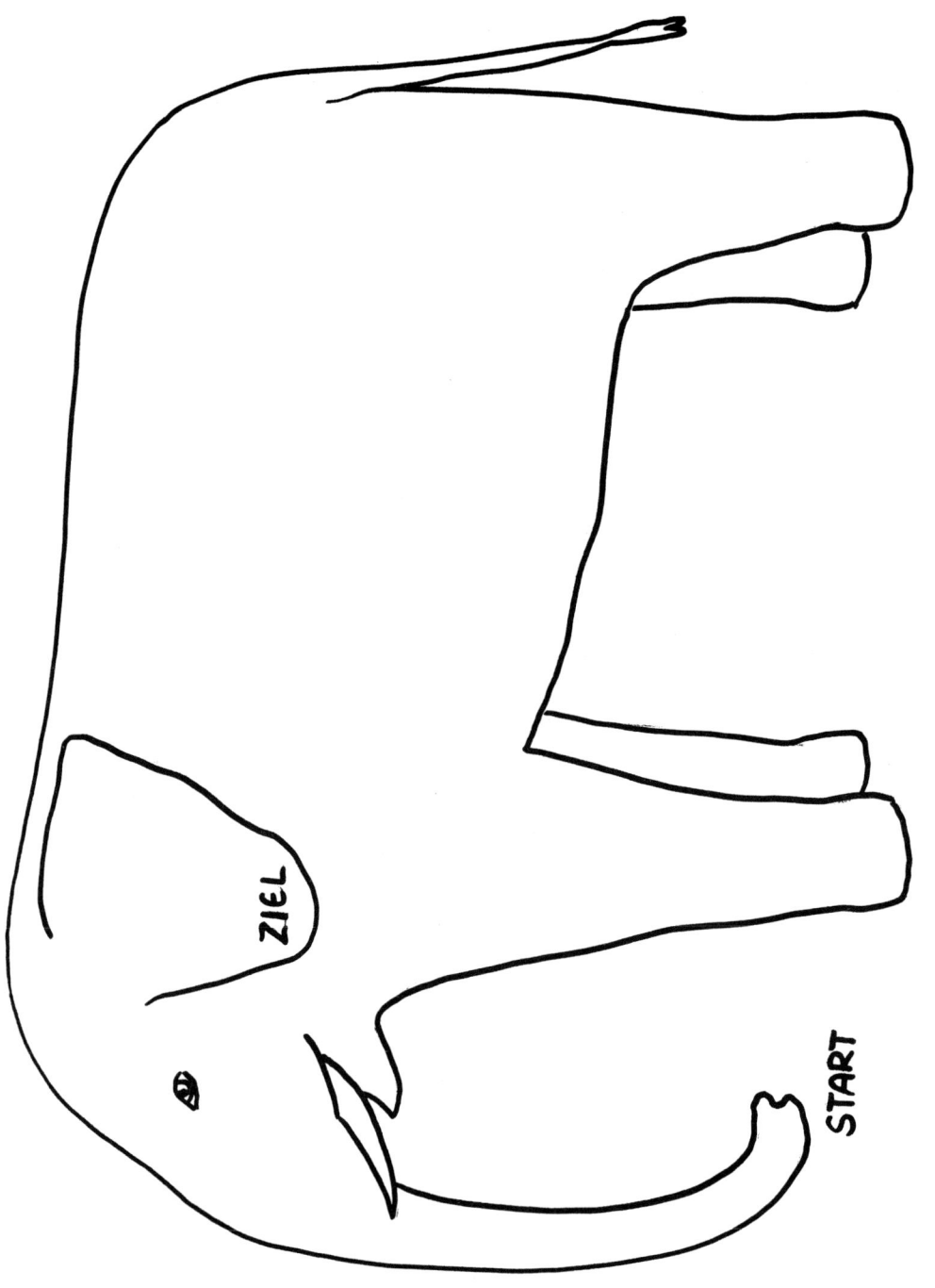

ZIEL

START

148

Bunter Baum

Ziel und Spielablauf:

Auch bei diesem Spiel geht es darum, die Addition im Zahlenraum 0 bis 6 zu üben. Ziel ist es, den Spielplan, einen Baum, mit "Blüten" in vier Farben zu "schmücken". Die Blüten decken entsprechende Summenterme "2 + 3" beispielsweise auf dem Spielplan ab. Dabei ist je einer Farbe ein bestimmter Termen-Wert (3, 4, 5, 6) zugeordnet. Das auf dem Spielplan in Blütenform vorgegebene Spielfeld wird mit dem blauen Blütenblatt abgedeckt, wenn dem Wert des Terms (hier:5) die Farbe blau vorgegeben ist.

Spielform:

Ein bis vier Kinder.

Material:

- Für das Spiel werden vier Bäume aus farbiger Pappe (Größe etwa DIN-A3-Format) mit jeweils etwa sieben "Aufgabenblüten" als Spielpläne benötigt. Bei der Auswahl und Verteilung der Terme auf den Bäumen sollten alle Term-Werte mindestens einmal vertreten sein.

- Die farbigen Blüten sollten in einer Schachtel aufbewahrt werden, auf deren Deckel die Zuordnung Term-Wert / Farbe abzulesen ist.

- Benötigt wird ferner mindestens ein Augenwürfel.

Variationen und praktische Erfahrungen:

Die Kinder haben das Spiel auf zwei Arten gespielt:

Bei der ersten Variante würfeln sie reihum mit einem Augenwürfel, bei dem die nicht benötigten Würfelflächen (für die Ergebnisse "1" und "2" z.B.) überklebt sind. Die Augenzahl legt fest, welche "Blüte" genommen werden muß. Diese wird dann auf den entsprechenden Term auf dem Spielplan gelegt.

Bei der zweiten Variante werden farbige Blüten, die mit Summen-Termen beschriftet sind, von den Kindern reihum gezogen. Dabei gibt es drei verschiedene Schwierigkeitsgrade der Blütengestaltung:

- Die Terme auf den Karten sind identisch mit den Termen auf den Bäumen.

- Die Terme auf den Karten sind kommutativ zu denen auf den Bäumen (Karte "2 + 3", Baum "3 + 2").

- Der Wert des Terms auf den Karten ist gleich dem Wert des Terms auf dem Baum, ist aber weder kommutativ noch identisch, sondern besteht aus anderen Zahlen (Karte "2 + 3", Baum "4 + 1").

Die Karten werden verdeckt auf dem Tisch ausgebreitet und jedes Kind wählt reihum eine Karte. Es nennt den Wert des Terms seiner Karte. Dieser Wert legt fest, welche Blüte bzw. Farbe gemäß der vorgegebenen Zuordnung genommen werden muß. Kann es die Blüte nicht ablegen, werden Blüte **und** Karte zurückgelegt.

151

Additionswürfelspiel

Ziel:

Übung der Addition im Zahlenbereich bis 10/18.

Spielform:

Zwei bis vier Kinder.

Material:

    Zahlenstreifen aus Pappe für jedes Kind.
    Abdeckchips.
    Zwei Würfel.

Spielablauf:

Es wird reihum mit zwei Würfeln gespielt. Die Summe der beiden Augenwürfel gibt an, welches Feld auf dem Spielplan eines Kindes, das gewürfelt hat, abgedeckt werden darf. Ist ein Zahlenfeld, das erwürfelt
wird, bereits belegt, würfelt der nächste Spieler weiter.

*Die Spielfelder reichen hier von 2 - 10, um den Additionsübungsraum
bis 10 zu beschränken.*
*Die Würfelflächen mit den sechs Augendiagrammen wurden mit Klebe-
punkten abgedeckt.*

Variationen:

Bei Benutzung anderer Würfel (z.B. ein Dodekaeder mit Ziffern von 0
bis 9) läßt sich der Spielplan erweitern von 0 bis 18.

152

Würfelarten

Einfaches Additionslotto

Einfaches Additionslotto bis 10; für die Einzelarbeit gut geeignet. Das abgebildete Material wurde selbst erstellt, da die uns bekannten im Handel erhältlichen Lottospiele zu wenig Übungsaufgaben im Zahlenbereich bis 10 bieten.

Wir beobachteten im Umgang mit dem Material häufiger, daß Kinder die vorgegebenen Aufgaben unaufgefordert auch in ihre Hefte übertragen haben.

Rechenscheibe

Für Bastlerinnen und Bastler: eine Rechenscheibe, gesehen auf den Grundschultagen 1985 in Berlin.

Der Zeiger auf der drehbaren Bildscheibe gibt an, welche Zahl zu einer vorgegebenen Zahl (hier z.B. "5") addiert werden soll. Zahlen und Rechenvorschriften können beliebig variiert werden, da die Kärtchen in der Mitte magnetisch haften.

Additions–Dominospiel

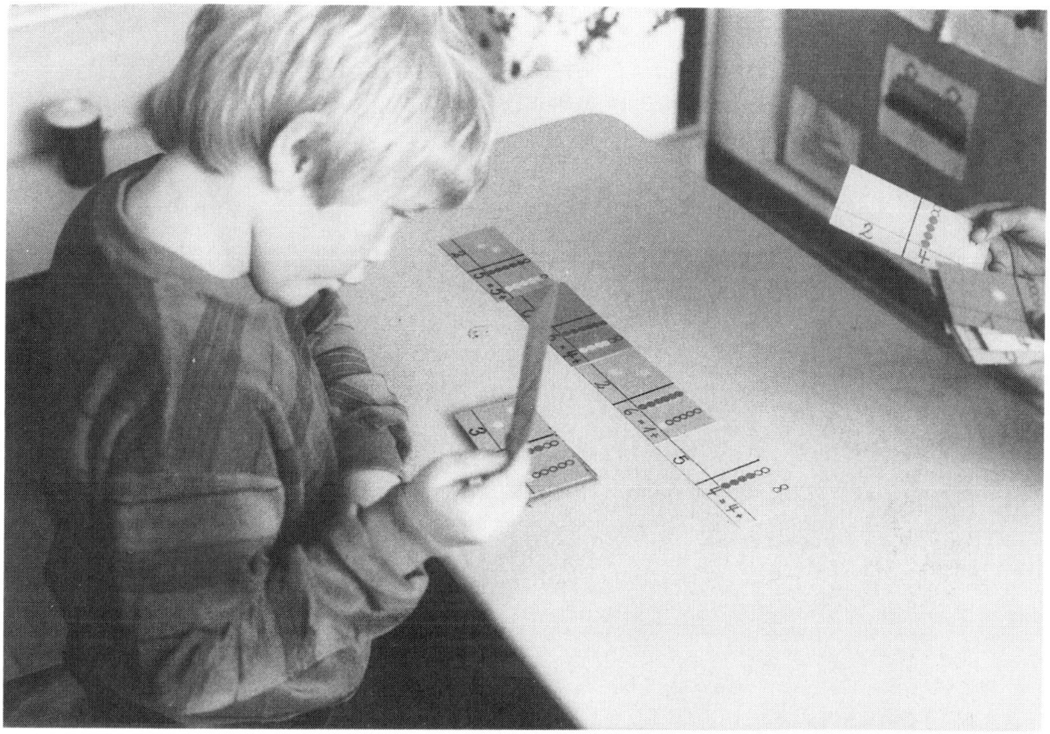

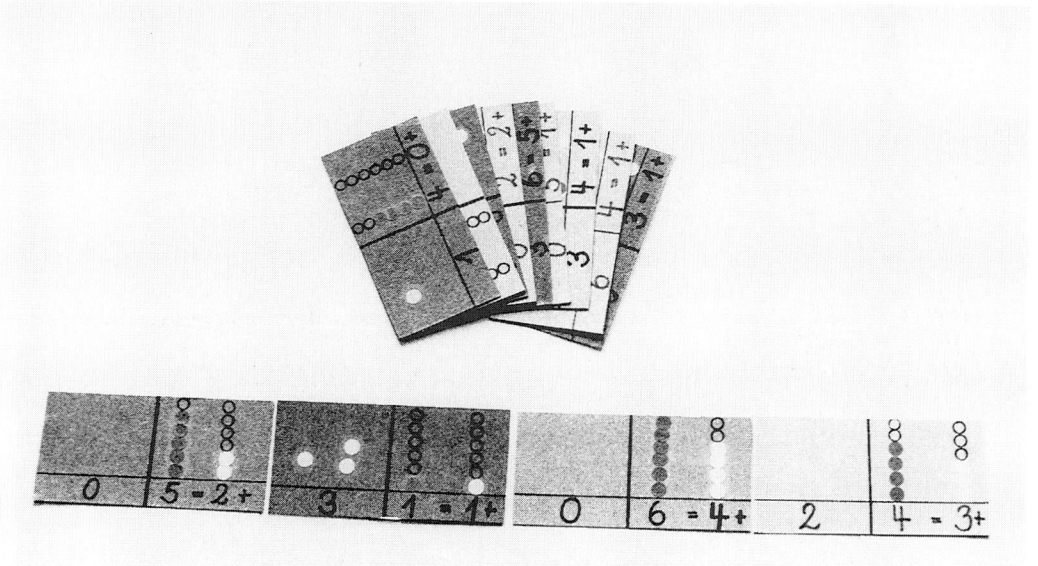

Additions–Dominospiel im Zahlbereich bis 6 ; hergestellt aus farbigen DIN-A 7 Blanko-Karteikarten und farbigen Klebepunkten; bezogen mit Klarsichtfolie; zur Einzel- und Partnerarbeit geeignet.

Murmel–Laufbahn

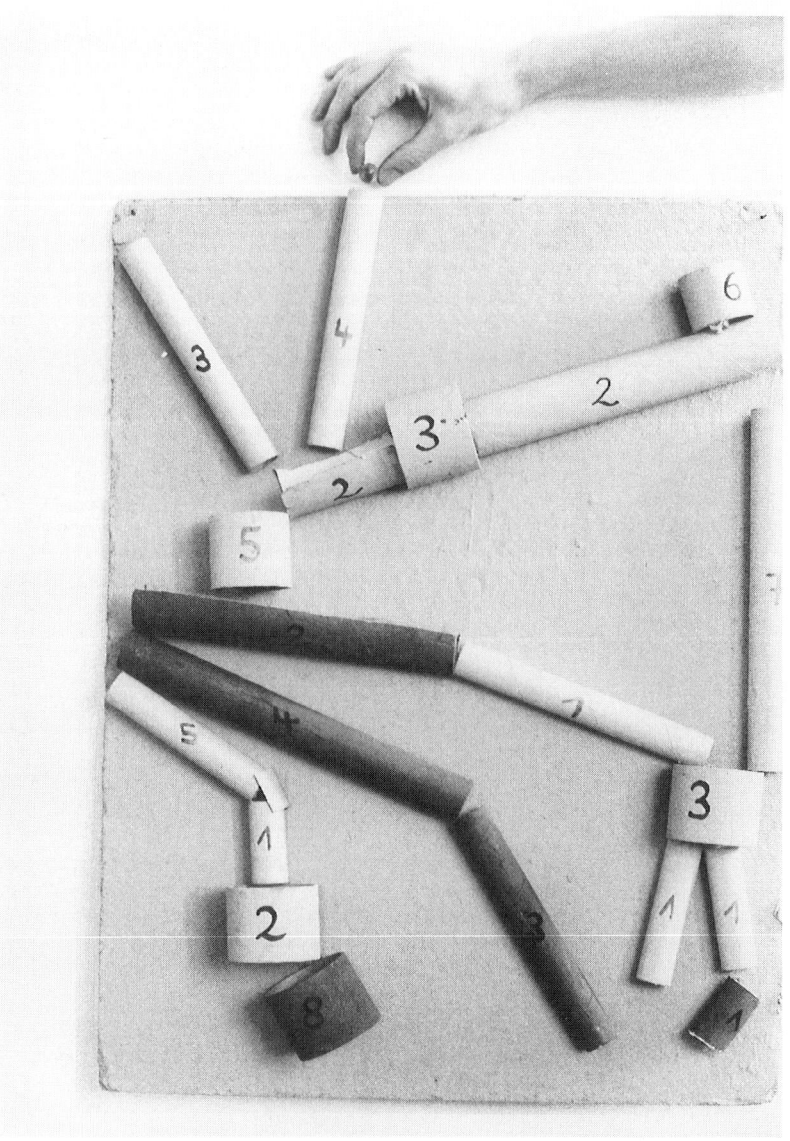

Diese Murmel–Laufbahn haben Schüler am Ende der ersten Klasse gebaut und selbst Regeln dazu gefunden:
Eine Murmel wird in einen beliebigen Tunneleingang geworfen. Der Lauf der Kugel wird verfolgt, die entsprechenden Zahlen werden notiert und dann jeweils für einen Durchlauf zusammengezählt. Derjenige Spieler, der das höchste Ergebnis bei einem Durchlauf erzielt, gewinnt die eingesetzten Murmeln (Bucker) der Mitspieler.

Wir konnten beobachten, daß die Schüler die Platte meist an eine Wand im Klassenzimmer stellten und nach einiger Zeit eine Umfriedung mit Bausteinen konstruierten, um das Wegrollen der Murmeln zu verhindern.

Subtraktion

Die Arithmetik beruht auf dem Prinzip, daß die Einheiten sich glei-
chen, denn sonst könnte man sie nicht zusammenzählen. Kinder, für
die die Zahlen ihre autozentrische Bedeutung beibehalten haben – so
daß "eins" für das Kind selbst oder einen Elternteil steht, "zwei" den
anderen Elternteil bezeichnet und so fort – können   vor unüberwind-
liche Schwierigkeiten gestellt werden, wenn wir sie bitten, bis vier
oder fünf zu addieren.

Eines dieser Kinder war von einem Elternteil adoptiert worden, das
dann erst später noch ein eigenes Kind bekam. Der Junge konnte bis
drei addieren, aber nicht darüber hinaus, weil, wie es sich ausdrück-
te, bis drei zu zählen nicht dasselbe sei, wie bis vier zu zählen.
Und nach seiner Lebenserfahrung war das auch wirklich nicht dassel-
be. Das Hinzukommen eines viertes Familienmitglieds hatte eine völlig
andere emotionale Erfahrung mit sich gebracht als das frühere Leben
zu dritt.

Im Gegensatz zu dem, was der Lehrer ihm beibringen wollte, daß näm-
lich vier mehr sei als drei, wußte der Junge, daß er viel mehr gehabt
hatte, als sie zu Hause noch zu dritt gewesen waren, und daß vier
für ihn viel weniger war als drei. Überdies bedeutete die Zahl Vier
für ihn nicht, daß zu drei eins hinzugezählt worden war, sondern daß
die Vier die Drei (ihn selbst) verdrängt hatte. Mit der Ankunft eines
vierten Familienmitglieds gab es ja für ihn weniger Platz im Leben
seiner Eltern ...

Solange also ein Kind nicht in der Lage ist, bestimmte Zahlen losge-
löst von der emotionalen Bedeutung zu betrachten, die sie für es ha-
ben, kann es keine mathematischen Aufgaben lösen, in denen diese
Zahlen vorkommen. Das gilt nicht nur für bestimmte Zahlen, sondern
auch für ganze Rechnungsarten. Viele Kinder finden Subtrahieren viel
schwieriger als Addieren. Daß liegt nicht nur daran, daß es sich da-
bei um die Umkehrung des soeben erst gelernten Prozesses handelt,
sondern auch daran, daß die meisten Kinder emotional eine Vorliebe
dafür haben, etwas zu ihrem Leben hinzuzuzählen und den Gedanken
unerträglich finden, daß ihnen irgend etwas weggenommen werden könn-
te. (53)

Unsere Erfahrung, daß Kinder im allgemeinen lieber Additions- als Sub-
traktionsaufgaben lösen, bestätigen auch zahlreiche Aussagen von Kolleginnen, die mit uns zusammenarbeiten. Selbst wenn die Kinder
richtig subtrahieren können, passiert es im Anfangsunterricht immer
wieder, daß sie in einer Aufgabenreihe plötzlich "plus" statt "minus"
rechnen.

In einer unserer Projektklassen stand z.B. der "eifrigste Mathematiker"
Ergün sehr negativ zur Subtraktion – zum Schrecken aller Kinder. Als
zum erstenmal der Begriff "minus" genannt wurde, rief er sorgenvoll:
"Rechnen wir jetzt minus? – Minus ist doch so schwer!" (Er beherrsch-
te die Subtraktion übrigens schneller als alle anderen.)

Die sachliche Vermittlung der Subtraktion war durch häufiges Üben der
Zahlzerlegung und -ergänzung, des Vor- und Zurückzählens (z.B. am
Zahlenstreifen auf dem Tisch, Spiele zum Vorgänger/Nachfolger usw.)
gut vorbereitet.

Viele Spiele und Übungen, die die Kinder schon bei der Addition benutzt hatten, konnten auch hier eingesetzt werden:

- Rechenketten, Steckwürfel, Zahlentreppe, Bohnen, Spielchips usw., Arbeit mit verschiedenen Balkenwaagen;

- Rechentunnel, Zahlenstreifen, Lottokarten usw.

Rechengeschichten mit Inhalten aus dem Alltag der Kinder waren immer wieder Ausgangspunkt der Problembearbeitung.

Einzelne Kinder hatten Vorlieben für bestimmte Arbeitsmaterialien: Einige rechneten am liebsten mit den Rechenketten, andere lieber mit Steckwürfeln oder Bohnen, es gab auch Kinder, die am liebsten den Zahlenstrahl als Rechenhilfe benutzten. Besonders die Kinder, die Aufgaben eher abzählend lösten, benötigten länger unterstützendes Material.

Unserer Arbeit liegt die Vorstellung zugrunde, daß Kinder auf unterschiedlichen Wegen zu Lernergebnissen kommen. Sie hat sich hier wie im Verlauf der gesamten Arbeit immer wieder bestätigt.

Erfolgt der Vermittlungsprozeß nur mit Hilfe **eines** Unterrichtslehrganges (der im allgemeinen nur auf einem oder zwei Prinzipien basiert), oder beharren die Lehrenden auf einem noch so gut durchdachten, ihnen selbst noch so einsichtigen Lernschritt, ist die Gefahr gegeben, daß manche Kinder ihren Lernweg nie finden.

Natürlich hat jedes Begreifen etwas "Unmittelbares", es ist nicht auf einfache Weise kausal aus dem Vermittlungsprozeß abzuleiten. Andererseits zeigt das Scheitern von "Begreifen", zeigt die Vergeblichkeit von Vermittlungsversuchen, daß die schlichte Wiederholung des immer gleichen Vermittlungsvorgangs (in unserer pädagogischen Praxis das berühmte Üben, Üben, Üben) - wenn überhaupt - nur zu scheinbaren Erfolgen führt, daß andere neue Vermittlungsbedingungen erstellt werden müssen, d.h., daß immer wieder neue Anstrengungen unternommen werden müssen, wenn sich gezeigt hat, daß ein Weg nicht zum Ziel geführt hat.

Ich kann Erfahrungen und Begreifen niemandem abnehmen, aber ich kann die Bedingungen der Möglichkeit von Erfahren und Begreifen entwickeln, indem ich davon abzusehen lerne, Erziehung als die Anwendung eines vorgegebenen Modells zu verstehen, welches sich nicht zu bewähren braucht. Ich kann die Bedingungen der Möglichkeit von Erfahren und Begreifen entwickeln, indem ich mich auf die Suche nach dem begebe, was den Lernenden vor mir blockiert, ängstigt, behindert.(54)

Arbeitshilfen

Rechenkartei als Differenzierungshilfe

Schon sehr bald können die Schüler einer ersten Klasse auch eine Rechenkartei sinnvoll nutzen. Im Laufe des Schuljahres wird die Kartei immer umfangreicher gestaltet, und so ist es möglich, daß auch zurückliegende bzw. "bewältigte" Lernschritte immer wieder aufgegriffen werden können.

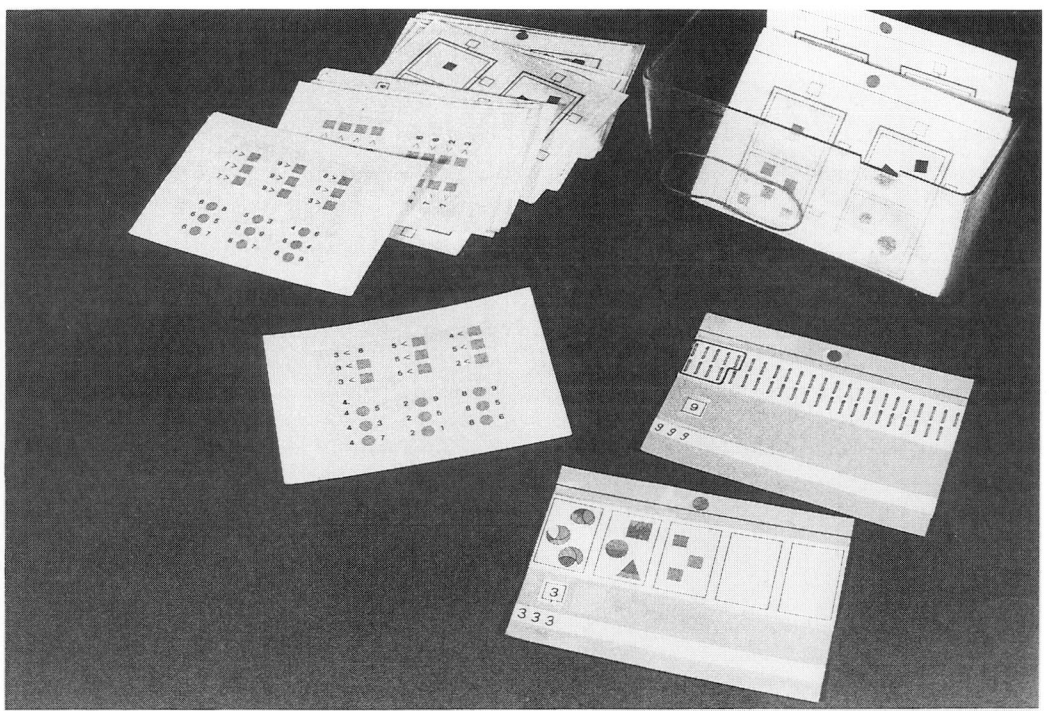

Die Abbildung zeigt eine Rechenkartei zur Addition und Subtraktion. Sie wurde von uns entwickelt und von den Kindern in vielfacher Weise selbständig genutzt. Die Karten wurden zur mündlichen Partnerarbeit (Gleichungen verbalisieren, Kopfrechnen) ebenso verwendet wie zur Einzelarbeit im Heft (die Aufgabenmenge selbständig bestimmen, im Heft rechnen).

Zur Problematik der Veranschaulichung

Veranschaulichungen zur Addition und Subtraktion vereinfachen und übergehen manches, da sie dynamische Vorgänge ("Zusammenfassen" und "Wegnehmen") auf die Bildebene übersetzen. Die Schüler müssen erst mal lernen, die Zeichensprache dieser Bilder zu entschlüsseln, bevor sie z.B. eine Aufgabenstellung eindeutig erfassen können. So erscheint etwa in einer bildhaften Darstellung der Aufgabe " 6 – 3 = x " die Ausgangsmenge der Anzahl 6 nicht mehr als Ganzes. Die Aufgabe kann als " 3 – 3 = x " mißverstanden werden.

Bei der Gestaltung der Kartei sollten bildhafte Darstellungen gewählt werden, die den Erfahrungen der Kinder entsprechen sowie ihren Sprachschatz vertiefen und erweitern können. (55)

Lehrbuchgestaltungen sind oft gelungen ...
Kinderzeichnungen voll Lebendigkeit, Phantasie und Wärme ...

162

Anhang

Aspekte des Zahlbegriffs – Mathematiklehrpläne in der Türkei(Klasse 1 und 2) – Zweisprachige Materialien für den Mathematikunterricht.

Literaturliste:
Theorie des binnendifferenziert-offenen Unterrichts – Fachdidaktik Mathematik – Gestaltung von binnendifferenziert-offenem Unterricht, speziell Mathematik – Mathematik mit ausländischen Schülern – mathematische Lernspiele – Mathematik: Erfahrungen und Symbolik – soziologische, pädagogische, psychologische Literatur.
Bestelliste *(Verzeichnis der erprobten Materialien).*

Aspekte des Zahlbegriffs (56)

	Beschreibung ggf. Unterteilung	Beispiele	Addition	Subtraktion
Kardinalzahlaspekt	Zahlen beschreiben die Mächtigkeit von Mengen, die *Anzahl* der Elemente.	„3 Äpfel" „10^{13} Möglichkeiten"	Mengenvereinigung	Restmengenbildung
Ordinalzahlaspekt	*Zählzahl:* Folge der nat. Zahlen, die beim Zählen durchlaufen werden.	„eins, zwei, . . ." „Zehn kleine Negerlein . . ."	Weiterzählen	Rückwärtszählen
	Ordnungszahl: Gibt den Rangplatz eines Elements in einer total geordneten Reihe an.	„Klaus ist beim Wettlauf fünfter geworden."		
Maßzahlaspekt	Nat. Zahlen dienen als Maßzahlen für Größen. (Immer in Relation zu einer gewählten Einheit)	„5 Meter" „3 Stunden" „4 kg" „100 Schritte"	Addition/Subtraktion von Größen wird zurückgeführt auf das Aneinandersetzen/Abtrennen zugehöriger Repräsentanten	
Operatoraspekt	Zahlen werden zur Bezeichnung einer *Vielfachheit* einer Handlung oder eines Vorgangs benutzt.	„Zur Strafe schreibst du *fünfmal:* Ich darf meinen Lehrer (nicht) ärgern."	Verkettung von Operatoren (Hintereinanderausführung)	Aufsuchen des Umkehroperators
Rechenzahlaspekt	*Algebraischer Aspekt:* (N, +) ist eine alg. Struktur mit gewissen Eigenschaften	$3 + 4 = 4 + 3$ wegen Kommutativität $(36 + 17) + 3 = 36 + (17 + 3)$	Rechnen mit Ziffern im Gegensatz etwa zum halbschriftlichen Rechnen	
	Algorithmischer Aspekt: Die nat. Zahlen lassen sich durch Ziffernreihen darstellen (Rechn. mit Ziffern)	$\begin{array}{r} 628 \\ + \ 563 \\ \hline 1191 \end{array}$		
Codierungsaspekt	Zahlen werden zur Bezeichnung von Objekten benutzt	3400 Göttingen Tel. 4 50 81 e2–e4, e7–e5 ISBN 3471207511		

163

Mathematiklehrplan der Türkei (Klasse 1 und 2)

(Stand: Juni 1980) (57)

Klasse 1 (3 h wöchentlich)

Besondere Ziele
(einzelne Themen)

1. Mit den zuhause, in der Schule und in der näheren Umgebung des täglichen Lebens gesammelten Erfahrungen lernen die Schüler die Beziehungen zwischen Lebewesen, Gegenständen, Formen, Figuren und Zahlen zu begreifen.

2. Sie zählen einzeln und in Gruppen und sehen die Beziehungen zwischen Zahlen durch eins-zu-eins-Zuordnung.
   Zählen bis 100 in Einer-, Fünfer- und Zehnerschritten, Rückwärtszählen von 10 bis 1.

3. Sie schreiben und lesen die Zahlen in Ziffern.
   Lesen der Zahlen bis 20. Anhand passender Vorlagen das Schreiben der Formen lehren (den Begriff des Zehners und die Rolle der Null erklären).

4. Mit den erworbenen Zahlbegriffen benutzen sie die täglichen Erfahrungen und lernen die Zahlen bis 20 schriftlich zu addieren und zu subtrahieren.
   Addition: Vom Nebeneinanderschreiben der Summanden zum Untereinanderschreiben übergehen;
   einstellige Zahlen zunächst ohne, dann mit Zehnerüberschreitung addieren.
   Subtraktion: gleiche Reihenfolge wie bei der Addition;
   verschiedene Problemtypen: „wieviel bleibt übrig", „um wieviel weniger", „wie groß ist der Unterschied";
   unbekannte Subtrahenden, Differenz, Minuenden finden;
   Subtraktion mit Übertrag erst in der 2. Klasse.

5. Ausgehend von täglichen Erfahrungen Vorbereitung von mündlichen Multiplikations- und Divisionsrechnungen.

6. Mit Hilfe der Benutzung von Gegenständen, Figuren und anderer Mittel erlangen sie eine Vorstellung von „halb".
   Mit Gegenständen den Begriff „halb" einprägen lassen, aber nicht mit Ziffern schreiben.

7. Mit Hilfe von Gegenständen und Figuren erkennen und unterscheiden sie einige geometrische Figuren, denen man in der Umgebung begegnet.
   Vergleiche von Lebewesen und Gegenständen, Unterschiede und Ähnlichkeiten herausfinden;
   verschiedene Flächen zeichnen, anmalen, vergleichen
   (Dreieck, Viereck, Kreis, gekrümmte geschlossene Linie);
   zwei Punkte durch gerade und gekrümmte Linien verbinden;
   Strecken der Länge nach vergleichen;
   Punkte mit Buchstaben bezeichnen (A und B durch eine gerade Linie verbinden).

8. Sie lernen die mathematischen Zeichen und Begriffe dieser Klassenstufe kennen und gebrauchen.
   Begriffe: Vorwärtszählen, Rückwärtszählen; Zahl, Ziffer;
   Addition, Subtraktion; Summe, Rest (Differenz);

Eins-zu-Eins-Zuordnung; dazu, ist gleich, mehr, weniger;
Schritt, Fuß; Klafter, Handspanne, Finger; Meter; Hälfte; lang, kurz;
groß, klein; hoch, niedrig.

Zeichen: + plus, — minus, = gleich, · , x Punkt, △ Dreieck, □ Viereck,
○ Kreis, —— Gerade, ~ krumme Linie

9. Sie machen Meß- und Vergleichsversuche.

Maße: Lebewesen und Mengen vergleichen nach wenig-viel, lang-kurz,
groß-klein, gleich;
Meßmöglichkeiten mit Klafter, Schritt, Handspanne, Finger, Fuß schaffen;
ohne die größeren und die kleineren Maßeinheiten zu erwähnen, mit Meter
bekanntmachen und Anwendungen suchen;
Zeitmaße wie Tag, Woche, Monat und Stunde lehren;
Kleingeld;
grafische Zeichnungen erklären und anwenden (jeden Gegenstand durch eine
Figur darstellen).

10. Bei mathematischem Arbeiten lernen sie die notwendige Sauberkeit, Ordnung,
Exaktheit. Durch Fleiß und mit der Zeit lernen sie sich an Sparsamkeit zu gewöhnen.

Klasse 2 (4 h wöchentlich)

Besondere Ziele
(einzelne Themen)

1. Beim Zählen von Gegenständen, Bildern, Figuren und von gleichartigen Gegenständen können die Zahlen immer wieder und auf natürliche Art angewendet
werden.

2. Entsprechend der eigenen Fähigkeit und ihrem Lerntempo erwerben die Schüler
Vertrautheit im Umgang mit Zahlen.

Um die Beziehungen zwischen Zahlen zu begreifen:
— nach Möglichkeit mit Gegenständen und Figuren bis 100 zählen (für
  10 Einpfennigstücke ein Zehnpfennigstück nehmen, um die Zehn als
  Grundlage der Zahlen zu begreifen)
— zu den Zahlen bis 9 die Zahlen von 2 bis 9 dazuzählen
— in 10er, 5er, 2er und 3er-Schritten bis 100 zählen;
  z. B. auch von 3, 13, 23, . . . jeweils um 10 weiterzählen
— Rückwärtszählen von 100 in 10er-Schritten, von 50 in 5er-Schritten,
  von 20 in Zweierschritten
— in Hunderterschritten bis 1000 zählen

3. Mit den in dieser Klasse gelernten Zahlen erlangen die Schüler Geschicklichkeit
in der mündlichen und schriftlichen Ausführung der 4 Grundrechenarten.

Addition: drei einstellige Zahlen untereinander addieren;
zweistellige und einstellige Zahl addieren;
beim Kopfrechnen Zehnerüberschreitung und stellenweises Addieren.

Subtraktion: einstellige Zahlen von einstelligen subtrahieren;
ein- und zweistellige Zahlen mit Zehnerüberschreitung von zweistelligen
subtrahieren.

Multiplikation: Addition gleicher Zahlen auf abgekürzte Art;
Vielfache von 10 bis 100, Vielfache von 5 bis 50, Vielfache von 2 und 4 bis 20, Vielfache von 3 bis 15;
schriftliche Multiplikation zweistelliger Zahlen mit 2, 3, 4 oder 5 ohne Übertrag.

Division: Entwicklung der schriftlichen Form aus der Abkürzung der Subtraktion von mehreren gleichen Zahlen:
Division ohne Rest; Division einstelliger durcheinander teilbarer Zahlen; Zahlen zerlegen und zusammenfassen; Versuche machen, um das Divisionsergebnis durch Subtraktion zu finden; Division zweistelliger durch einstellige Zahlen: zum Dividenden das 10-, 5- bzw. einfache des Divisors suchen und das Ergebnis durch Addition der Quotienten finden:

$$\text{Beispiel:} \quad 18 \,\underline{\lfloor 3} \qquad\qquad \begin{array}{r} 18 \\ -15 \\ \hline 3 \\ -3 \\ \hline 0 \end{array} \,\underline{\begin{array}{l} 3 \\ 5 \\ +1 \\ \hline 6 \end{array}}$$

4. Untersuchung der Stellen bis zum Hunderter; erkennen, daß 10 die Grundlage des Zahlsystems bildet.

Münzen (Ein-, Zehn-, Hunderterstücke) und die Hundertertafel anwenden, um das Zehnersystem einzuprägen; Einer-, Zehner-, Hunderterstelle klären; Ordnungszahlen schreiben und lesen.

5. Unter Verwendung von Gegenständen und Figuren eine Vorstellung von einfachen Brüchen gewinnen.

Unter Verwendung von Gegenständen, Zeichnungen und Figuren als Hilfsmittel wird der Begriff von ein halb aus der 1. Klasse befestigt; neu erworben werden die Begriffe zwei Halbe, ein Viertel, zwei Viertel, drei Viertel und ein Zehntel; noch kein Schreiben und Lesen von Brüchen.

6. Zahlen in einfache Form zerlegen und bündeln.

Bei Zahlen bis 100 werden Zerlegungen und Bündelungen gemacht,
z.B.: 63 = 10+10+10+10+10+10+1+1+1
63 = 6 Zehner + 3 Einer

7. Messen, vergleichen und schätzen.

Abmessungen mit Klafter, Handspanne, Finger, Schritt, Fuß;
Längenmaße: Meter, Zentimeter;
Flüssigkeitsmaß: Liter;
Halbe und Viertelstunde; Jahr;
Halbes und ganzes Dutzend;
Kilogramm und halbes Kilogramm;
Kennenlernen von 2 1/2 und 5 Lira-Geldstücken;
Leichte Entfernungs- und Gewichtsschätzungen machen und durch messen kontrollieren. Rechts-links, unten-oben, Seite, niedrig-hoch, Senkung-Erhebung, vor-hinter.

8. Einfache Versuche machen, praktische Probleme aufstellen und lösen, erste Beziehungen zwischen den Rechenarten erkennen.

9. Einfache Grafiken erklären und diese Grafiken herstellen.

Ein oder zwei Personen werden durch eine Figur dargestellt;
Untersuchung der Berufe der Eltern.

10. Unter Verwendung von Gegenständen und Figuren werden die in der 1. Klasse kennengelernten geometrischen Figuren und die entsprechenden Kenntnisse erweitert.

> Gegenstände und Figuren, die sich in der Umgebung befinden, vergleichen, Ähnlichkeiten und Unterschiede feststellen;
> Ecken und Seiten bei ebenen Figuren (Dreieck, Rechteck, Quadrat, Kreis); Namen kennen lernen;
> mit Hilfe von Münzen und Dosen Kreise zeichnen und anmalen;
> Zeichnungen herstellen, indem Punkte durch gerade und krumme Linien verbunden werden;
> mit Buchstaben bezeichnete Strecken vergleichen;
> Winkel, Umfang, Durchmesser werden noch nicht als Bezeichnungen verwendet.

11. Die mathematischen Begriffe und Zeichen für die 2. Klasse kennen und gebrauchen lernen.

> *Begriffe:* Rechnungsart, Problem;
> ungerade, gerade; Dutzend; Zehnerüberschreitung;
> Minuend, Subtrahend; Multiplikation, Faktor, Produkt; Division, Dividend, Divisor, Quotient; Übertrag; Hälfte; ein Viertel;
> Dreieck, Quadrat, Rechteck; Ecke.

> *Zeichen:* m Meter, cm Zentimeter, kg Kilogramm, sa Stunde, :, ÷ geteilt durch, x mal, L Lira, kr Kurus ($\hat{=}$ Pfennig), — Divisionsstrich, l Liter, $\neq$ ungleich.

Zweisprachige Materialien
für den Mathematikunterricht (58)

In den letzten Jahren wurde eine Reihe deutscher Mathematikbücher
in ausländische Sprachen übersetzt. Außerdem sind einige zweisprachige
Mathematikbücher erschienen.

Die Liste ist nicht vollständig.

ÜBERSETZTE DEUTSCHE MATHEMATIKBÜCHER

Verlag/ Autor/ Titel	Übersetzung ins:			
	Türkische	Italienische	Griechische	Spanische
Oldenbourg Kuntze Bausteine der Mathematik	Band 1	Band 1		
Schroedel Oehl-Palzkill Welt der Zahl (alt)				Band 1—8
Schroedel Oehl-Palzkill Welt der Zahl (neu)	Band 1—3			
Schwann Picker Mathematik in der Grundschule	Band 1			
Westermann Resag-Bärmann Westermann Mathematik			Band 1—3	

ZWEISPRACHIGE BÜCHER

Raimann-Hartwig: Mathematik Grundkenntnisse Arbeitsbuch
Zweisprachige Ausgabe (Deutsch-Türkisch).
Best. Nr. 2195
Girardet Verlag, Essen

Wir können folgende Titel ergänzen:

Ottmann, Anton: Mathematik für Ausländerkinder. Happen 1 - 10 , Donauwörth (Auer), 1979-82.

Institut für Film und Bild in Wissenschaft und Unterricht, Hrsg.: Bilinguale Materialien für den Mathematikunterricht mit Ausländerkindern an Grundschulen, Klassen 1 - 4. Erhältlich bei: Bavaria-Film Platz 3, 8022 Grünwald.

Übersetzungen ausländischer Mathematiklehrpläne (58)

Vorbemerkung:

Die zugrundegelegten Mathematiklehrpläne geben jeweils den Stand 1979/1980 wieder.

Bei den Übersetzungen handelt es sich um eigene, z.T. gekürzte Arbeitsübersetzungen. Für Mithilfe bei der Übersetzung der türkischen Lehrpläne danke ich Frau Mine Moray.

Nach Abschluß der Übersetzungen wurden mir die zusammenfassenden Übersetzungen der Lehrpläne der wichtigsten Herkunftsländer zugänglich, die im Rahmen des Projekts Ausländer HSA des DVV erstellt wurden:

Sargut, S. u.a.: Übersetzungen der Türkischen Lehrpläne, Frankfurt 1980

Christalli, T. u.a.: Übersetzungen der Lehrpläne der Scuola Elementare und der Scuola Media (Italien), Frankfurt 1979

Kobrow-Joannow, E. u.a.: Übersetzungen der Lehrpläne der griechischen Volksschule, Frankfurt 1979

Puente, M. u.a.: Übersetzungen der spanischen Lehrpläne, Frankfurt 1979

Alle diese Übersetzungen enthalten interessante aktuelle Daten zum Schulsystem in den jeweiligen Ländern sowie einen Überblick über die Lerninhalte in allen Fächern; die mathematischen Inhalte sind hier z.T. nur sehr gerafft wiedergegeben.

Soweit vergleichbar wurde die eigene Übersetzung nochmals anhand der dort vorgelegten Übersetzung überprüft und z.T. korrigiert.

169

Lernmittel für die erste Klasse

Die Lernmittel sind eingeteilt in:

- **Schulbücher** (in Berlin zugelassen),
- **Arbeits-** und **Übungshefte, Rechenkarteien** (jeweils mit einem Vermerk, ob sie in Berlin zugelassen sind) und **Übungsmaterialien,**
- **Kopiervorlagen,**
- **Arbeitsmittel, Spielmaterialien** und **Spiele.**

Ein Verzeichnis der Adressen der angegebenen Verlage findet sich am Ende der Auflistung. Eine Gewähr für die Richtigkeit der Bestellnummern und Preise kann nicht übernommen werden. (Preise: Stand April 1986, zum Teil auch 1987).

Schulbücher

Die folgende Aufstellung gibt einen Überblick zu den neueren Schulbuchwerken, die in Berlin zugelassen sind. Eine Gesamtübersicht für Berlin findet sich im "Rundschreiben über den Katalog zugelassener Schulbücher" (siehe Amtsblatt).

Aus den aufgeführten neueren Schulbuchwerken sollte eines gewählt und in Klassensatzstärke angeschafft werden.

Neuere Schulbücher zeichnen sich nicht nur durch das Erscheinungsjahr aus, sondern wir verstehen darunter solche, die die Neuorientierung des Mathematikunterrichts in der Grundschule (besonders im Anfangsunterricht) in ihren Konzeptionen berücksichtigen. Schlagworte für die Neuorientierung sind: Kurzer pränumerischer Vorlauf (Merkmale und Gegenstände); weitgehender Verzicht auf "Mengenlehre"; Zahlbegriffsentwicklung unter Berücksichtigung der verschiedenen Zahlaspekte und des Zählens; verstärkte Einbeziehung der Umwelt und der Erfahrungen der Schüler (Kindorientierung statt Wissenschaftsorientierung); Einbeziehung von spielerischen Aktivitäten und Spielen.

(Anschaffung im Klassensatz)

Arbeits-, Diagnose- und Förderblätter Mathematik 1
Senator für Schulwesen. Lehrerkommentar mit umfangreicher Spielesammlung im Anhang.
Bestellung bei: Druck- und Verlagsgesellschaft, Rudolf Otto mbH, Postfach 51 03 22, 1000 Berlin 51.

Einmaleins, 1. Schuljahr

Klett	70 141	17,90 DM
Übe mit Pfiffikus, 1. Schulj.	70 143	4,90 DM
Lehrerband	70 142	

Unser Rechenbuch - Nußknacker, 1.Schulj.

Klett	1 941	15,80 DM
Lehrerband	19 419	28,-- DM

Die Welt der Zahl, Bearbeitung 1982, 1. Schulj.

Schroedel	44 301	18,60 DM
Arbeitsblätter	44 351	4,90 DM
Lehrerband	44 321	16,60 DM

Welt der Mathematik. Neubearbeitung 1985. 1.Schuljahr

Schroedel	43 651	18,80 DM
Arbeitsblätter	43 681	6,90 DM
Lehrerband (mit Kopiervorlagen)	43 671	19,80 DM

Mathemax. Ausgabe Nord. 1. Schuljahr

CVK	41 832	15,80 DM
Arbeitsheft	41 840	5,80 DM
Lehrerband	41 859	15,-- DM

Mathematik. Ausgabe N. 1986/87. 1.Schuljahr

Mildenberger	1501-70	17,40 DM
Übungsheft	1501-54	4,80 DM
Lehrerband	1501-73	33,-- DM

Arbeits- und Übungshefte, Rechenkarteien und Übungsmaterialien

Seitdem die Neuorientierung des Mathematikunterrichts Rechnen und das Üben von Rechenfertigkeiten aufgewertet hat, bieten die Verlage verstärkt schulwerksunabhängige Arbeits- und Übungshefte, Übungsmaterialien und Rechenkarteien an.

Hefte, Rechenkarteien und Übungsmaterialien ermöglichen weitreichende Differenzierungen.

Die Anzahl der Exemplare, deren Anschaffung wir empfehlen, steht in Klammern hinter den einzelnen Posten. Zu beachten ist, daß zwischen einigen Materialien ausgewählt werden soll.

Arbeits- und Übungshefte

Entweder
Plus und minus von 0 - 10
Klett   16 042   7,20 DM   (5)
(in Berlin zugelassen)

Plus und minus von 0 - 20
Klett   16 043   7,20 DM   (5)
(in Berlin zugelassen)

Oder
Rechnen - Aufgabensammlung, 1. Schuljahr
Westermann   11 2761   5,80 DM   (5)
(in Berlin zugelassen)

Zahlen bis 20
Verlag Erziehung u. Wissensch.,Hamburg 3-8103-0608-8   4,20 DM   (2)

Rechenkarteien

Die aufgelisteten Rechenkarteien sind nach Einstieg, graphischen Hilfen, Aufgabenart, Bearbeitung und Selbstkontrolle sehr unterschiedlich. Jeder Lehrer muß nach Ansicht der Karten entscheiden, welche seinen Unterricht am besten ergänzt.

Rechenfix und Mathefax 1.Klasse
Neuer Finken Verlag   3065   49,80 DM   (1)

Rechenübungskartei 1.Schuljahr
Klett   19 415   42,-- DM   (1)

Differix. Mathe-Kartei. 1.Schuljahr
CVK   (Bestellnummer und Preis beim Verlag erfragen)   (1)

Übungsmaterialien

Unter Übungsmaterialien verstehen wir Lernmittel, die keine Buch-, Heft- oder Mappenform haben. Sie eignen sich nach Aufmachung und Konzeption zum Einsatz für spezielle Lernziele. Das unterscheidet sie von Arbeitsmitteln, die eine größere Einsatzbreite haben. Übungsmaterialien sind für Einzelarbeit und Individualisierung konzipiert, sie bieten häufig Möglichkeiten der Selbstkontrolle. Spielerische Aktivitäten können arrangiert werden, so daß der Übergang zu Spielen fließend ist.Ihr "Spielwert" ist jedoch in der Regel geringer.

Setzleistenprogramm
Spectra, Mathematikkasten 1

Addition und Subtraktion bis 10	571	36,-- DM	(1)
Setzleisten, 6 Stück	550	36,-- DM	(1)

Stecktafeln Mathematik. 1. Schuljahr
CVK, Addition und Subtraktion bis 20   17 826   24,-- DM

Entweder
Rechensolo, Spectra
Addition bis 10   511   14,90 DM (1)
Addition und Subtraktion bis 20   512   14,90 DM (1)

Oder
Plus - Pyramide (Zahlenraum bis 20)
Spectra   708   14,90 DM (1)

Minus - Pyramide (Zahlenraum bis 20)
Spectra   709   14,90 DM (1)

Zehnertrainer 0 - 20, Heinevetter   87   33,50 DM (1)

Lok - Systeme
Vogel - Vertrieb durch Westermann
(Wegen des sehr breiten Angebots empfehlen wir, einen Katalog anzufordern).

Kopiervorlagen

Mit dem Kauf der Materialien wird gleichzeitig das Recht zum Kopieren erworben. Die Anschaffung in einem Exemplar für die schulinterne Lehrerbücherei ist anzuraten.

Die Vorlagen bieten Übungsaufgaben mit spielerischer Selbstkontrolle, wie auch Spiele.

Rechenspiele für die Klassen 1/2
Auer   1488   44,-- DM

Ergänzungslieferung für Klasse 1
Auer   1600   22,80 DM

Bergedorfer Kopiervorlagen,
Zahlbegriff und Grundrechenarten, 1. Schuljahr
Bayerischer Schulbuch-Verlag   95 215   31,-- DM

Bergedorfer Kopiervorlagen,
Rechenpuzzles und Rechendominos, 1./2. Schuljahr
Bayerischer Schulbuch-Verlag   95274   38,-- DM

Entweder
Übe und Kontrolliere 1. Schuljahr - Kopiervorlagen
Lipura   264.-- DM

Oder
Hali-Kopiervorlagen für den Mathematikunterricht Klasse 1/2
Häusler   ca. 280,-- DM

Arbeitsmittel, Spielmaterialien und Spiele

Arbeits- und Veranschaulichungsmittel, sowie Materialien, um Spiele zu erfinden oder herzustellen, haben für das Lernen in der ersten Klasse besondere Bedeutung. An diesen Posten zu sparen, ist kurzsichtig. Allerdings lassen sich die Anschaffungen auf das erste Schuljahr zeitlich verteilen.

Die angegebenen Verlage sind eine - von mehreren möglichen - Bezugsquellen. Die Anzahl der Exemplare, die wir empfehlen, steht in Klammern hinter dem Posten.

Arbeits- und Veranschaulichungsmittel
Entweder
Schubi - System , Huesmann & Benz
(sehr ausbaufähiges Materialsystem, das mit den diversen Zusatzmaterialien noch in höheren Klassenstufen eingesetzt werden kann).

Steckkuben (Steckwürfel),				22,80 DM	(halber
100 Stück, 10 Farben		22 701			Klassensatz)
Zahlenstecker, 50 Stück		22 711		29,90 DM	(8)
Eckkuben, 40 Stück		22 705		23,80 DM	(4)

Zusatzmaterial (nützlich, aber nicht unbedingt notwendig)

Zählplatten, 10 Stück	22 716	28,80 DM	
Zahlenschiffchen, 10 Stück	22 715	18,90 DM	
Doppelzählbrett	22 717	25,80 DM	
Hunderterschiene	22 774	38,60 DM	

Oder (in Ergänzung)
Steckwürfel, allseitig steckbar , Klett
100 Stück, 4 Farben   16 001   16,60 DM

Oder (anstelle der obigen Materialien)
Steckwürfel, allseitig steckbar, Mildenberger
100 Stück, 5 Farben   550-51   15,40 DM

Rechenkette, 21 Perlen, jeder Zehner in einer Farbe
Spectra, 1 Stück   265   4,90 DM   (Klassensatz)
(kann aus Holzperlen und Schnur auch selbst gebastelt werden)

Zehnertreppe
Huesmann & Benz   22 430   34,80 DM   (4)

Rechengeld für Schüler

Betzold	Münzen	1751	3,90 DM	(6)
	Scheine	1755	3,90 DM	(6)

Spielmaterialien (für selbsterfundene Spiele und zur Spielherstellung)

Würfel
bei den angegebenen Verlagen oder in gut sortierten Spielehandlungen zu erhalten.

Augenwürfel, in verschiedenen Farben

Betzold, je 10 Stück	rot 1621	3,40 DM	
	gelb 1622	3,40 DM	
	blau 1623	3,40 DM	
	grün 1624	3,40 DM	

Ziffernwürfel, in verschiedenen Farben
Betzold

je 10 Stück	Ziffern 1 - 6	1651	4,80 DM
	Ziffern 0, 6 - 10	1652	4,80 DM
	Ziffern 10 - 15	1591	4,80 DM
	Ziffern 15 - 20	1592	4,80 DM

Rechenzeichenwürfel, Betzold, 10 Stück   1673   4,80 DM

Münzenwürfel, Betzold

10 Stück, kleine Münzen	1701	6,70 DM
10 Stück, große Münzen	1702	6,80 DM

Zehnflächige Würfel, Ziffern 0 - 9

Betzold, je 10 Stück	weiß 1661	12,-- DM	
	rot 1662	13,80 DM	
	blau 1663	13,80 DM	

Zwölfflächige Würfel, Ziffern 1 - 12

Betzold, je 10 Stück	weiß 1585	12,-- DM	
	rot 1586	13,80 DM	
	blau 1587	13,80 DM	

Zahlenwürfel, Plastik, 10 cm Kantenlänge
Dusyma   533 200   4,50 DM

Rechenwürfel, mit auswechselbaren Karten, 10 cm Kantenlänge

Huesmann & Benz , 5 Stück	10 302	29,80 DM
Karten dazu	10304	3,60 DM

Blancospielkarten
Hail - Lehrmittel, 1000 Stück   38.-- DM

Kartenbox (zu den Spielkarten)
Hail - Lehrmittel, 28 Stück   20,-- DM

Figürliche Klebeformen (nur noch begrenzt lieferbar)
Huesmann & Benz   Früchte   22 340   6,70 DM   (3)
                         Blumen/Tiere   22 341   6,70 DM   (3)

<u>**Spiele**</u> (als zusätzliche Ausstattung)

Spiel 33, Klett   18 804   14,-- DM
(Spielkarten mit Zahldarstellungen und Ziffern für 0 - 10)

Elfer raus , F.X. Schmid   ca. 10,-- DM
(Spielkarten mit Karten für die Zahlen 1 - 20)

Micado , Dusyma   538 409   2,90 DM

Zahlenspiel, Dusyma   511 435   6,30 DM

Domino , Schmid Spiele   6 o51 500   ca. 6,-- DM

Farbendomino, Schmid Spiele   6 051 509   ca. 9,-- DM

Zahlenspiel 1 - 25, Otto Maier 6o5 5 849   ca. 9,-- DM

Zahlendomino, Otto Maier   605 5 006
                                            ca. 13,-- DM

Erstes Rechnen, Otto Maier   605 5 400   ca. 20 DM

Symmetrix, Otto Maier   6 655 029   ca. 18,-- DM

<u>**Weitere Arbeitsmittel**</u>

- Homogene Materialien (Chips, Stäbe, Schrauben, ...)
- Merkmalsmaterial (Aufstelltiere, Spielzeugautos, ...)
- Küchenuhr
- Maßbänder, Zollstöcke
- Gesellschaftsspiele ("Mensch ärgere dich nicht", ...)

Verlagsliste

Auer Verlag , Postfach 1152 ; 8850 Donauwörth , 0906/73-1.

Balderhaar Verlag ; Postfach 166 ; 4459 Uelsen .

Bayerischer Schulbuch Verlag , Postfach 19 0252 , 8000 München 19 , 089/174067-69

Betzold Verlag , Schönauer Str. 10 , 7090 Ellwangen - Rindelbach ; 07961/2135 o./6171

CVK , Postfach 8729 , 4800 Bielefeld .
    Mecklenburgische Str. 53 , 1000 Berlin 33 , 030 / 82996-0

Dusyma , Postfach 1260 , 7060 Schorndorf - Miedelsbach .
    Landhausstr. 12 , 1000 Berlin 31 .

Häusler Verlag , 4780 Lippstadt - Lippenrode .

Hail Verlag , Eifelstr. 20 , 7410 Reutlingen 28 , 07121 / 42512 .

Heinevetter , Papenstr. 41 , 2000 Hamburg 76 , 041 / 259019 .

Huesmann & Benz , Postfach 569 , 7700 Singen , 07731 / 68118 .

Klett Verlag , Rotebühlstr. 77 , 7000 Stuttgart .
        Nollendorfplatz 4 , 1000 Berlin 30 , 030 / 2162046 .

Lipura , Klostergartenweg , 7456 Rangendingen , 07471 / 8096 .

Maier Verlag (Ravensburger Spiele) , Postfach 1860 , 7980 Ravensburg .

Mildenberger , Postfach 2020 , 7600 Offenbach , 0781 / 25326 .

Neuer Finken Verlag , Postfach 1546 , 6370 Oberursel , 06171 / 53073 .

Schmidt GmbH , Postfach 1165 , 3057 Eching .

Schroedel Verlag , Postfach 810 760 , 3000 Hannover 81 .
        Lützowstr. 105-106, 1000 Berlin 30 , 030 / 2622041 .

Spectra , Postfach 630 , 4270 Dorsten .
    Günter Janicke , Karwendelstr. 38 , 1000 Berlin 45 , 030 / 8335017 .

Westermann , Postfach 5520 , 3300 Braunschweig .
    Kastanienallee 26 , 1000 Berlin 19 , 030 / 3015090 .

Literaturverweise

Theoretische Literatur zum binnendifferenziert-offenen Unterricht

Autorengruppe Grundschulprojekt Gievenbeck: Die Öffnung des Unterrichts für die Erfahrungswelt der Kinder.
In: Grundschule, Westermann-Verlag, Braunschweig 1981, Heft 8. S.325ff.

Barnitzky, Horst (Hrsg.): Auf dem Weg zum differenzierten Schulalltag. Rahmenbedingungen - Grundsätze - Beispiele. Ergebnisse des Mühlheimer Grundschultages 1982.
In: Beiträge zur Reform der Grundschule, Band 54, Frankfurt/M. 1983.

Buschbeck, Helene: Differenzierender Unterricht in der Grundschule. Anregungen aus dem "Tempelhofer Projekt" für die Praxis.
Herausgeber: Pädagogisches Zentrum Berlin, Uhlandstr.97, Berlin 31.

Buschbeck, Helene; **Ernst,** Karin, **Rebitzki,** Monika: (K)eine Schule wie jede andere.
Beltz-Bibliothek, Bd. 107, Beltz-Verlag, Weinheim 1982.

Diverse Autoren: Lernhilfen zur Selbsttätigkeit.
In: Grundschule, Westermann-Verlag, 15. Jg., Heft 1.

Gronemeier, Ute; **Horstmann,** Uwe; **Woth,** Jürgen: So geht es auch! Parallelunterricht und integrale Unterrichtsorganisation. Darstellung zweier Modellversuche in der Grundschule.
In: Sandfuchs, Uwe (Hrsg.): Lehren und Lernen mit Ausländerkindern. Klinkhardt-Verlag, Heilbronn 1981, S.135-145.

Hoenisch, Nancy; **Niggemeyer,** Elisabeth; **Zimmer,** Jürgen: Vorschulkinder.
Klett-Verlag, Stuttgart 1973.

Kasper, Hildegard (Hrsg.): Offener Unterricht an Grundschulen - Berichte englischer Lehrer.
Vaas-Verlag, Ulm 1978.

Kettner, Barbara; **Fleck,** Brigitte: Offene Klasse und offener Unterricht auch in der Regelschule?
In: Grundschule, Westermann-Verlag 1979, Heft 8, S.331ff.

Landesinstitut für Curriculumentwicklung, Lehrerfortbildung und Weiterbildung (Neuss) (Hrsg.):unter Mitarbeit von Esser/Mus/Wacker: Schul- und Unterrichtsorganisation. Praktische Hinweise zur Inneren Differenzierung. Erstes Medium Klassenraum.
Handreichungen für die Grundschule 4.

Dieselben, Schul- und Unterrichtsorganisation zur Inneren Differenzierung. Zum Unterricht und Schulleben.
Handreichungen für die Grundschule 6.

Moeller-Andresen, Ute: Das erste Schuljahr. Unterrichtsmodelle.
Klett-Verlag, Stuttgart 1979. 4. Auflage.

Ramsegger, Jörg: Das erste Schuljahr in einer offenen Schule.
In: Grundschule, Westermann-Verlag 1981, Heft 8, 13. Jahrgang, S.316ff.

Überwiegend fachdidaktische Literatur zum Thema Mathematik

Brügelmann, Hans: Was Benjamin über Zahlen und Buchstaben denkt.
päd. extra, 1,1984.

Dienes, Zoltan Paul: Aufbau der Mathematik.
Herder-Verlag, Freiburg 1969.

Diverse Autoren: Kindgerechter Mathematikunterricht.
In: Grundschule 1982, Heft 4.

Floer, Jürgen; **Haarmann,** Dieter (Hrsg.): Mathematik für Kinder. Grundlegung - Beispiele - Materialien.
Beltz-Verlag, Beltz praxis, Weinheim und Basel 1982.

Müller, Gerhard; **Wittmann,** Erich Christian: Der Mathematikunterricht in der Primarstufe.
Vieweg-Verlag, 3. neubearbeitete Auflage. Braunschweig 1984.

Neunzig, Walter: Mathematikunterricht 1-4.
Urban&Schwarzenberg, München - Wien - Baltimore 1981.

Radatz, Hendrik: Zählen - eine oft vernachlässigte Tätigkeit.
In: Grundschule 1982, Heft 4, S.159-162.

Radatz, Hendrik; **Schipper,** Wilhelm: Handbuch für den Mathematikunterricht an Grundschulen.
Schroedel-Schulbuch-Verlag, Hannover 1983.

Schipper, Wilhelm; **Hülshoff,** Annette: Wie anschaulich sind Veranschaulichungshilfen? Zur Addition und Subtraktion im Zahlenraum bis 10.
In: Grundschule, Westermann-Verlag, 1983. Heft 4.

Schmidt, Erhard (Hrsg.): Sachunterricht und Mathematik.
Ferdinand Kamp-Verlag, Bochum 1985.

Wittmann, Erich: Grundlagen des Mathematikunterrichts.
6. neubearb. Aufl., Vieweg-Verlag, Braunschweig/Wiesbaden 1981.

Zumpe, Sibylle: Der neue Mathematikunterricht in der Grundschule. Eine kritische Analyse vor dem Hintergrund bildungspolitischer Zielvorstellungen Anfang 7oer Jahre.
Zentralinstitut für Unterrichtswissenschaften und Curriculumentwicklung, Berlin 1984.

Literatur zur Gestaltung von binnendifferenziert-offenem Unterricht, speziell Mathematik

Baillet, Dietlinde: Freinet praktisch.
Beltz-praxis, Beltz-Verlag, Weinheim und Basel 1983.

Floer, Jürgen; **Haarmann,** Dieter (Hrsg.), Mathematik für Kinder. Grundlegung - Beispiele - Materialien.
Beiträge zur Reform der Grundschule, Bd. 50. Arbeitskreis Grundschule e.V., Frankfurt/M. 1982.

Floer, Jürgen (Hrsg.): Arithmetik für Kinder. Materialien - Spiele - Übungsformen.
Beiträge zur Reform der Grundschule, Band 63, Frankfurt/M. 1985.

Landesinstitut für Curriculumentwicklung, Lehrerfortbildung und Weiterbildung (Hrg.): Mathematik. Praktische Hinweise zur Inneren Differenzierung.
Neuss 1981. 4040 Neuss, Görlitzer Str. 3.

Lörcher, Christa; **Lörcher,** Gustav Adolf: Konkrete Mathematik in der Grundschule 1. Nuffield Mathematikprojekt.
Klett, Stuttgart 1975, Bd. I ; 1976, Bd. II.

dieselben: Mathematik ist überall! Klassenbesuche im ersten Schuljahr, kritische Überlegungen zu den Beobachtungen in den Klassen.
In: Baillet, Dietlinde: Freinet-praktisch, Beltz, Weinheim und Basel 1983.

Pädagogisches Zentrum Berlin (Hrsg.). Mitarbeit von Dübbers, Sabine; Lubig,Michael; Podlesch, Wolfgang; Zumpe, Sybille: Aktionsanlässe. Situationsorientierte Lernangebote für Fünfjährige. Anregungen für die Arbeit in Vorschulgruppen, Vorklassen und Eingangsstufen. Päd. Zentrum Berlin 1978.

Winter, Heinrich: Entdeckendes Lernen im Mathematikunterricht.
In: Grundschule, Westermann-Verlag 4/84, 16. Jg., S.26.

Mathematik mit ausländischen Schülern

Deutsches Institut für Fernstudien an der Universität Tübingen (DIFF): Ausländerkinder in der Schule. Anfangsunterricht mit ausländischen Schülern. Mathematik:S.68-78. Zu bestellen bei: DIFF, Wördstr. 8, 74 Tübingen.

Eggers, Clemens: Mathematikunterricht mit ausländischen Schülern. In: Lernen in Deutschland, Heft 14, 1983.

Floer, Jürgen: Mathematikunterricht mit türkischen Kindern. Erfahrungen im ersten Schuljahr. In: Grundschule, Westermann-Verlag, 1984, Heft 4, 16. Jg., S.42.

Heil, W.; **Kay,** W.; **Kurth,** I.; **Menk,** A.; **Mönch-Bucak,** Y.; **Nikolai,** I.: Zum muttersprachlichen Unterricht mit ausländischen Kindern und Jugendlichen. In: Ausländerkinder. Forum für Schule und Sozialpädagogik, Heft 5, 1981.

Hessisches Institut für Lehrerfortbildung. Hauptstelle Reinhardswaldschule (Hrsg.): Mathematik in der Primarstufe unter Berücksichtigung der besonderen Situation ausländischer Schüler in deutschen Regelklassen. 3501 Fuldatal/Kassel. Druckauftragsnummer 1545/1983.

Kurth, Ina; **Menk,** Antje-Katrin: Lernen in der Fremdsprache. In: Deutsch lernen, Heft 2, 1979, S.3-11.

Lörcher, Gustav Adolf: Ausländerkinder im Mathematikunterricht. In: Beiträge zum Mathematikunterricht, Freiburg 1979. S. 247-250.

Lörcher, Gustav Adolf: Hilfsmittel für den Mathematikunterricht mit Ausländern. In: Ausländerkinder. Forum für Schule und Sozialpädagogik. Heft 7, 1981.

Lörcher, Gustav Adolf: Mathematische Grundbegriffe. Lexikon für die Schulpraxis mit ausländischen Kindern. Deutsch-türkisch-serbokroatisch-italienisch-griechisch-spanisch. In: Schriftenreihe Lehren und Lernen 21, März 1981. Hrsg.: Landeszentrale für Erziehung und Unterricht. Neckar-Verlag Stuttgart 1981. (Das Buch enthält neben dem lexikalischen Teil Literaturhinweise zum Thema "Mathematikunterricht mit ausl. Kindern" 1973-1981, eine Liste von Institutionen mit dem o.g. Arbeitsschwerpunkt, sowie Übersetzungen ausländischer Lehrpläne.)

Ottmann, Anton: Entwicklung und Evaluation eines Mathematikcurriculums für Ausländerkinder. Lang-Verlag, Frankfurt/M. 1979.

Ottmann, Anton: Vorschläge für die Gestaltung des Mathematikunterrichts mit ausländischen Kindern. Mathematikdidaktik 5. Lang, Frankfurt/M. 1982.

Sandfuchs, Uwe, Hrsg.: Leben und Lernen mit Ausländerkindern. Klinkhardt-Verlag, Heilbronn 1981.

Institut für Film und Bild in Wissenschaft und Unterricht (Hrsg.): Bilinguale Materialien für den muttersprachlichen Unterricht mit Ausländerkindern. In: Lernen in Deutschland, Probenummer 1980.

Bücher mit Anregungen zum Herstellen überwiegend mathematischer Lernspiele

Ehrenfeldner, Elisabeth; **Szöllözy**, Christophera: Lernspiele - selbstgemacht. Für Familie, Kindergarten und Vorschule.
Österreichischer Bundesverlag, Wien 1984. (beziehbar über Klett-Verlag).

Krampe, Jörg; **Mittelmann**, Ralf; **Kern**, Barbara: Rechenspiele für die Klasse 1. Kopiervorlagen. Auer-Verlag, Donauwörth 1984.

Lauster, Ursula: Rechenspiele 1. Für das erste und zweite Grundschuljahr.
Ensslin & Laiblin Verlag, Reutlingen 1975.

Schnauder, Johann: Lernspiele zur neuen Mathematik in Grund- und Hauptschule.
Proegel-Verlag, Ansbach 1980.

Mathematik   Erfahrungen und Symbolik

Endres, Franz Carl; **Schimmel**, Annemarie: Das Mysterium der Zahl. Zahlensymbolik im Kulturvergleich.
2. durchgesehene Auflage, Diederichs-Verlag Köln, 1985.

Davis, Philip J.; **Reuben**, Hersh: Erfahrung Mathematik.
Birkhäuser-Verlag, Basel 1985.

Riedel, Ingrid: Farben in Religion, Gesellschaft, Kunst und Psychotherapie.
Kreuz-Verlag, Stuttgart 1983.

Riedel, Ingrid: Formen. Kreis, Kreuz, Dreieck, Quadrat, Spirale.
Kreuz-Verlag 1985.

Soziologische, pädagogische, psychologische Literatur

BAGIV, Hrsg.: **Muttersprachlicher Unterricht in der Bundesrepublik Deutschland.**
Sprach- und bildungspolitische Argumente für eine zweisprachige Erziehung von Kindern sprachlicher Minderheiten (mit der Neubearbeitung des Memorandums zum Muttersprachlichen Unterricht).
Reihe: Erwachsenenbildung - Sozialpädagogik - Allgemeine Sozialwissenschaft, Verlag Rissen, Hamburg 1985.

Bettelheim, Bruno: Der Weg aus dem Labyrinth. Leben lernen als Therapie.
Frankfurt/M., Ullstein, Berlin und Wien 1978.

Bettelheim, Bruno: Erziehung zum Überleben. Zur Psychologie in Extremsituationen.
Deutscher Taschenbuch Verlag, München 1979.

Bettelheim, Bruno: Kinder brauchen Bücher. Lernen durch Faszination.
Deutsche Verlags-Anstalt, Stuttgart 1982.

Bettelheim, Bruno: Liebe allein genügt nicht. Die Erziehung emotional gestörter Kinder.
Klett-Cotta, Stuttgart 1950.

Fingerhut, Rolf; **Manske**, Christel: Ich war behindert an Hand der Lehrer und Ärzte. Protokoll einer Heilung
Rowohl (Taschenbuch), Hamburg 1984.

Galperin, P.J.: Die Psychologie des Denkens und die Lehre von der etappenweisen Ausbildung geistiger Handlungen.
In: Autorenkollektiv, Untersuchungen des Denkens in der sowjetischen Psychologie.
Berlin 1967.

Galperin, P.J.: Die Entwicklung der Untersuchungen über die Bildung geistiger Opera-
tionen.
In: Ergebnisse der sowjetischen Psychologie. Hrsg. von H. Hiebsch, Welt-Verlag,
Stuttgart 1969. S. 367–405

Galperin, P.J.: Zu Grundfragen der Psychologie.
Pahl-Rugenstein, Köln 1980.

Montessori, Maria: Über die Bildung des Menschen.
Herder-Verlag, Freiburg 1966.

Montessori, Renilde; **Schneider-Henn,** Karin: Uns drückt keine Schulbank. Montessori-
Erziehung im Bild.
Klett-Cotta, Stuttgart 1983.

Piaget, Jean: Genese der Zahl beim Kind.
Rascher-Verlag, Zürich 1947.

Piaget, Jean: Psychologie der Intelligenz.
Rascher-Verlag, Zürich 1955.

BILDNACHWEISE

Dagmar Köppen: Seite 11, 12, 13, 14, 19, 20, 23, 30, 36, 39, 44, 45, 46, 58, 61, 68,
69, 91, 94, 95, 96, 99, 101, 1o7, 108, 114. 115, 116, 117, 118,
119, 120, 121, 122, 126, 127, 129, 13o, 132, 133, 135, 137,141,
142, 144, 145, 146, 147, 150, 154, 155.

Udo Mitschka: Seite 47, 48, 49, 50, 54, 62, 63, 64, 66, 67, 71, 73, 78, 81, 83, 87,
90, 92, 100, 101, 102, 105, 106, 128, 132, 134, 140, 149, 152,
153, 155, 156, 159, 160.

Dieter Geulen: Seite 38, 57, 60, 62, 77, 80, 84, 88, 93, 98, 104.

Wolfram Kühn: Seite 51, 52, 53, 109.

Birgit Eider: Seite 54.

Anmerkungen

1   **Brecht**, Bertolt: Flüchtlingsgespräche. In: Gesammelte Werke, Bd.14, Frankfurt/M., 1967. S.14o5-14o6.

2   **Bettelheim**, Bruno: Der Weg aus dem Labyrinth. Leben lernen als Therapie. Frankfurt/M.,Berlin,Wien. 1978. S.122-123.

3   **Goffman**, Erving: Stigma. Über Techniken beschädigter Identität. Frankfurt/M., 1967.

4   Mitarbeiterinnen und Mitarbeiter des Modellversuchs, aus dem diese Veröffentlichung stammt, hatten 1982 und 1983 Gelegenheit zu Studienaufenthalten in England, z.B. in Middleborough.

5   Vgl. Berichte im Informationsdienst des Modellversuchs an Kreuzberger Grundschulen: **birlikte - miteinander** , Heft 2 (1982) und Heft 7 (1984).

6   Beteiligt waren fünf Lehrerinnen für zwei erste Ausländer-Regelklassen an der Nürtingen-Grundschule in Berlin-Kreuzberg: Karin Birnkott-Rixius, Dagmar Köppen, Leyla Kubat, Sigrid Masuch und Sabine Weicker.
    Weitere Ergebnisse in: **Nehr**, Monika: In zwei Sprachen lesen lernen? Beltz-Verlag hrsg. in derselben Reihe.

7   Die folgenden Gesprächsbeiträge sind Nachschriften von Tonbandmitschnitten, die überwiegend 1985 entstanden sind. Gesprächsteilnehmerinnen waren hauptsächlich Birgit Eider, Christine Geulen-Roth und Dagmar Köppen.

8   Vgl. **birlikte - miteinander** , Information des o.a. Modellversuchs, Heft 8, 1985.

9   **Bettelheim**, Bruno: Kinder brauchen Bücher. Lesen lernen durch Faszination. Deutsche Verlagsanstalt Stuttgart, 1982, S.53-54.

10 **Montessori**, Maria: Über die Bildung des Menschen, Freiburg 1966, S.50.

11 **Galperin**, P.J.: Die Entwicklung der Untersuchungen über die Bildung geistiger Operationen. In: Ergebnisse der sowjetischen Psychologie, H. Hiebsch, Hrsg., Stuttgart 1969, S.367-405.

12 **Piaget**, J., Psychologie der Intelligenz, Zürich 1955. S.40.

13 **Galperin**, P.J.: Die Psychologie des Denkens und die Lehre von der etappenweisen Ausbildung geistiger Handlungen. In: Autorenkollektiv, Untersuchungen des Denkens in der sowjetischen Psychologie, Berlin 1967.

14 Etappendarstellung ist angelehnt an ein Seminarpapier von Prof. Dr. Ingrid Bergmann, TU Berlin, Fachbereich 22, 1982.

15 Vgl. auch **Dienes**, Z.P.: Aufbau der Mathematik, Freiburg 1969, 3. Aufl.,S.39ff.

Nach Dienes sollten bei der Planung von Unterricht vier Prinzipien beachtet werden:

Das dynamische Prinzip
Die Erarbeitung mathematischer Begriffe findet in einem dreistufigen Prozeß statt, als:
- vorbereitende Spielphase,
- sehr strukturierte Stufe des Bewußtwerdens,
- Formulierung des Begriffs mit anschließender Übungsphase.

Das Aufbauprinzip
Da Kinder erst im Alter von etwa elf bis zwölf Jahren analytisch denken, muß in Lernsituationen erst die Konstruktion vor der Analyse erfolgen. Das Kind muß also erst mit konkretem Material operieren können.

Das Prinzip der mathematischen Variabilität
Mathematische Begriff, die eine Anzahl von Variablen aufweisen, müssen durch vielfältige Experimente gelernt werden. Die Experimente müssen so gestaltet sein, daß

sich die Variablen ändern. Die Konstanz zwischen ihnen stellt dann den mathematischen Begriff dar.

Das Prinzip der Variationen der Veranschaulichung
In einem Unterricht, der sich nur auf Arbeits- oder Veranschaulichungsmaterial stützt, kann das Kind Begriff und Material schwer voneinander trennen. Um zur Abstraktion eines Begriffes zu gelangen, ist es deshalb notwendig, im Unterricht viele Veranschaulichungen anzubieten.

16 **Puhan-Schulz**, Barbara: "Gib mir mal`n Ekmek!" - Kinder in zwei Sprachen. In: " Von wo kommst´n du ? " , hrsg. von Ü. Akpinar / J. Zimmer, München 1984, S.94.

17 **Manske**, Ch.: Lernen ohne Angst. In: Demokratische Erziehung,3,1978, S.263.

18 **Fingerhut**, R. / **Manske**, Ch. : Ich war behindert an Hand der Lehrer und Ärzte. Protokoll einer Heilung. Hamburg 1984. S.11.

19 **Wittmann**, J., Ganzheitliches Lernen - Grundlegung und Anfang. Dortmund 1950, S.54-55.

20 Siehe z.B. **Zimmermann**, W., Geheimsinn der Zahlen, München 1984.

21 Dazu muß man wissen, daß sich bei Kindern, die in Dörfern der Türkei geboren wurden, das Geburtsdatum "1. Januar" häuft. Kinder werden nämlich oft verspätet in die amtlichen Register eingetragen, oder die Eltern schreiben ihnen bei der Einreise in die Bundesrepublik das Geburtsdatum eines Geschwisterkindes zu. Die Gründe dafür können vielfältig sein.

22 Vgl. die Bestelliste im Anhang.

23 Vgl. die Bestelliste im Anhang.

24 Philip&Tacey Ltd., North Way, Andover, Hampshire SP 10 5 BA, England, Telefon: 026461171.

25 Ausführliche Anregungen zu selbstgemachten Lernspielen im Bereich Farbe, Form und Kombination finden sich in: **Ehrenfeldner**, E. / **Szöllösy**, Ch.: Lernspiele selbstgemacht. Für Familie, Kindergarten und Vorschule. Wien 1984.

26 Die Grundidee zu diesem und dem folgenden Hakenbrettspiel ist entnommen aus: **Callies**, E., **Dopp**, W., **Kräussl**, L., **Luttermöller**, E., Spiel- und Lernladen für Vorschulkinder - 50 Vorschläge zum Selbermachen. Stuttgart 1977.

27 Vgl.: **Radatz**,H. / **Schipper**, W., Handbuch für den Mathematikunterricht an Grundschulen, Hannover 1983, S.39.

28 Häufig schenken Mütter in der Türkei ihren Kindern zum ersten Schultag kunstvoll bestickte Stoffbeutelchen, die mit ganzen und halben Bohnen gefüllt sind. Ganze Bohnen werden zum Zählen, Addieren und Subtrahieren benutzt, mit halben Bohnen werden Ziffern, Druckbuchstaben und Wörter gelegt.

29 Vgl. die Bestelliste im Anhang.

30 **Panknin**, M.: Mathematischer Anfangsunterricht. Pädagogisches Zentrum Berlin,1983. Die Karten finden sich in: Arbeits-Diagnose-Förderblätter, Mathematik 1. Hrsg. vom Senator für Schulwesen. Bredtschneiderstr. 5 - 8, Berlin 19.

31 Spielbeschreibung sowie weitere Spielmöglichkeiten mit Mengenkärtchen siehe **Panknin**, a.a.O. S.III-V.

32 DIN-A3 Vergrößerungen der beiliegenden Kopiervorlage oder der Hali-Kopiervorlage Nr. 10, vgl. Bestelliste im Anhang.

33 Die Bild-Lottokarten können auch, nachdem die Kopiervorlage auf (farbigen) DIN-A3 Karten vergrößert wurde, anstelle der ADF-Schnipp-Schnapp-Karten verwendet werden.

34 **Homann**, G., in: Grundschule 12, 1980, H.3, S.107.

35 **Radatz**, H., **Schipper**, W.: Handbuch für den Mathematikunterricht an Grundschulen. Hannover 1983. S.48.

36 A.a.O., S.50.

37 Anregungen für das Becher-, das Bierdeckel- und das Büroklammer-Spiel sind entnommen aus: **Callies et. al.**, Spiel- und Lernladen für Vorschulkinder. Anm.26.

38 Bezugsquelle: Huesmann und Benz. Vgl. Bestelliste im Anhang.

39 Bezugsquelle: Huesmann und Benz, a.a.O.

40 Zahlenspiel von Fa. Dusyma. Vgl. Bestelliste im Anhang. Dusyma bietet das Spiel in einer Größe (15 cm x 15 cm) an, die für Unterrichtszwecke sehr geeignet ist.

41 Aus: **Lexikon der Mathematik**, Fischer Taschenbuch-Verlag, Frankfurt/M. 1978,S.343.

41 **Wittmann**, a.a.O., S.55.

43 **Fingerhut**, R. / **Manske**, Ch., a.a.O., S.21/22.

44 Perlenketten sind im Handel erhältlich, können aber auch mit den Kindern zusammen hergestellt werden. Sie sind dann meist teurer, weil größere Holzperlen mehr kosten.

45 Bestelliste im Anhang.: erhältlich im Hail-Verlag.

46 Blancospielkarten, Hail-Verlag. Siehe Bestelliste im Anhang.

47 Zahlenspielerei: Verlag für Lehrmittel, Pössneck (DDR). In West-Berlin z.B. erhältlich in: Das Europäische Buch, Knesebeckstr.
Oder: Spiel 33, Vgl. Bestelliste im Anhang. Zum Spiel 33 gehört eine Beschreibung, die verschiedene Spielanregungen enthält.

48 Aus: **Radatz**,H. / **Schipper**, W., a.a.O., S.63.

49 Bezugsquelle für Holzspatel: vgl. Bestelliste im Anhang.

50 Vgl. Anm. 49

51 Vgl. Anm. 31 und 33.

52 Die Aufteilung des Spielplans lehnt sich an Additionsdiagramme an, wie sie z.B. der Westermann Lehrgang "Denken und Rechnen 1" verwendet.

53 **Bettelheim**, Bruno, Der Entschluß zu scheitern. In: ders., Erziehung zum Überleben - zur Psychologie in Extremsituationen. dtv, 1979. S.184f.

54 **Fingerhut**, R. / **Manske**, Ch., a.a.O., S.60/61.

55 Zur Vertiefung der Veranschaulichung: **Schipper**, W. / **Hülshoff**, A., Wie anschaulich sind Veranschaulichungshilfen? In: Die Grundschule 16, 1984, H.4.

56 Aus: **Radatz**,H., / **Schipper**, W., Handbuch für den Mathematikunterricht an Grundschulen, Schroedel Schulbuch-Verlag, 1983, S.49.

57 Aus: Schriftenreihe Lehren und Lernen, Heft 21: **Lörcher**, G.A., Mathematische Grundbegriffe. Lexikon für die Schulpraxis mit ausländischen Kindern.1981. S. 102 - 105.

58 Aus: **Lörcher**, a.a.O., S.99.